*Über dieses Buch* Jean Arthur Rimbaud (1854–1891) schrieb mit vierzehn seine ersten wilden Verse, mit neunzehn ließ er alle Literatur hinter sich. In dieser kurzen Zeitspanne schuf er ein lyrisches Werk, dessen revolutionäre Bildersprache ihre faszinierende Wirkung auf die europäische Dichtung bis heute nicht verloren hat.

In Deutschland gehörte Paul Zech (1881–1946) zu den ersten, die Rimbauds Verse entdeckten. Als 21jähriger war er davon so beeindruckt, daß er beschloß, sich ganz der Literatur zuzuwenden. 1910 erschienen seine ersten Rimbaud-Übertragungen, 1944 im Exil in Buenos Aires schloß er das Manuskript des Gesamtwerks endgültig ab.

Paul Zech war ein Dichter. Auf wortwörtliche Übereinstimmung mit dem Originaltext erheben seine Nachdichtungen keinen Anspruch, und Zech ist auch wegen mancher Freiheiten, die er sich herausnahm, angegriffen worden. Doch im Gegensatz zu manchen anderen Übersetzungen haben seine Nachdichtungen bis heute nichts von ihrem Glanz verloren. Wie sehr der eine Generation jüngere Paul Zech sich mit Rimbaud identifizierte und in seinen Texten »Rimbauds drängende, fiebrige, insistierende Sprache« aufzunehmen versuchte, belegt Walter Helmut Fritz in seinem Nachwort zu dieser Neuausgabe.

Schon 1928 schrieb Stefan Zweig über Zechs Rimbaud-Nachdichtungen: »Neben Georges Baudelaire-, Rilkes Valéry- und Reisigers Whitman-Adaptionen zählen sie meinem Empfindungen nach zu den repräsentativen Nachdichtungen unserer Generation.«

# SÄMTLICHE DICHTUNGEN DES JEAN ARTHUR RIMBAUD

Deutsche Nachdichtung
von Paul Zech

Mit einem Nachwort von
Walter Helmut Fritz

Fischer
Taschenbuch
Verlag

Diese Nachdichtungen, im Oktober 1944 in Buenos Aires abgeschlossen, wurden von Paul Zech als endgültige Fassung bezeichnet. Sie wurden in dieser Form erstmals 1963 aus dem Nachlaß im Deutschen Taschenbuch Verlag, München, veröffentlicht.

Veröffentlicht im Fischer Taschenbuch Verlag GmbH,
Frankfurt am Main, September 1990

Lizenzausgabe mit freundlicher Genehmigung des
Greifenverlags zu Rudolstadt

Umschlaggestaltung: Buchholz / Hinsch / Hensinger
Druck und Bindung: Clausen & Bosse, Leck
Printed in Germany
ISBN 3-596-29448-7

Was ihr von meiner Worte Sinn nicht könnt verstehn,
das wird verwehn, doch morgen wieder auferstehn.
Ich habe nichts der andren Kreatur voraus.
Weit hinter Tag und Raum bin ich zuhaus …

Jean Arthur Rimbaud 1872

# Verse des Knaben
1869–1872

## Das Neujahrsgeschenk der Waisen

I

Durch des geschwärzten Zimmers Kälteflammen
friert ein Geschwisterpaar. In blonden Haaren
verblättert Angst. Sie rücken dicht zusammen
und fühlen Stürme über ihr Geflüster fahren.
Der Vorhang fegt das Fenster frei in Pausen
und zeigt ein Schneefeld ungeheuer weit,
durch das die heimatlosen Vögel sausen:
das neue Jahr auf schwarzem Flügelkleid
hinüber in die unbeschriebene Ewigkeit.

II

Und ist der Vorhang wieder schwarze Wand,
an der die Kinder warmverschlungen kauern,
horcht die gedehnte Stille, was sich in den Mauern
bewegt mit körperloser Hand:
Der Wurm im Holz und unterm Glassturz golden
die Stundenabgesänge einer Uhr,
ein Mäusepfiff und Katzen auf der Spur.
Dazwischen wachsen neue Blumendolden
aus weißem Frost im Fensterrahmen,
auslöschend die hineingekratzten Namen ...
Am Boden liegt noch schwarzes Tuch herum:
ein Spuk, von dem der Zugwind aussagt Tränenweh
und späte Kümmernis. Denn dunkelstumm
ward das Gesicht der Mutter, die den seidigen Schnee
des Scheitels und das Witwenkleid in Ehren trug.
Wo ist ihr lächelndes Bemühn
um dieses Hauses gotterhabenes Blühn
geblieben? Wo des Herzens stolzer Sternenflug
am Wiegensaum der Kinder? Wo das Lied,
das schon im Morgengrauen am Kamin
heilige Einheit tönte, bis das letzte Glied
des Ringes einsprang, von nichts anderem beschwert
als jenem Hymnus: Selig ruht
es sich am Mutterherzen aus, wo aller Kummer
hinüberbiegt in traumgewiegten Schlummer
und Menschen sind wie Blumen rein und gut ...
Doch diese dunkelnde Ruine hier,

um der verweinten Kinder Einsamkeit gebaut –:
Wißt ihr, was dieses wirklich heißt,
von Hause fort und wie ein böses Tier
in fremde Welt mit fremdem Laut
verwiesen und verwaist?

III

Im frostversteinten Haus, o so allein
sind die zwei Waisen. Käme manchmal nicht
Erinnerung mit zagem Schritt –: Kein Stein
kann so verlassen sein. Erinnerung bringt Licht
und Duft von frohen Festen mit. Im Vorbereiten
auf buntem Spielzeug, Bilderbuch und Süßigkeiten
ward immer das hochheilige Neujahr
in einer heiligen Nacht geboren, die den Schlaf
von den gespannten Lidern scheuchte; lange war
die Neugier wach und sah den Gabentisch
schon näherrücken, wenn ein Schein den Türspalt traf.
Und wusch der Morgen dann die Augen frisch
und trippelten vier nackte Füße in das Zimmer
der Eltern, gratulierten Lippen schüchtern kraus:
das war des ausgestirnten Himmels Silberschimmer
vor diesem Jubel durch das hochbeschenkte Haus!

IV

O Worte, heimatwarm und muttergut,
nicht mehr zu spüren durch die Funkenglut
im Zimmer vom Kamin her, heller Tanz
der Lichter auf dem braunen Glanz
der Möbel ... Ja, da stand der Speiseschrank
mit verschlossener Tür ... Das Auge trank
sich satt an den verwahrten Wundern, ohne sie
zu sehen. Manchmal raschelte und schrie
ein Mäuslein. Schabte mit den weißen Zähnen
den Speck. Und Zuckerwürfel. Mandelkern ...
Jetzt ist im Elternzimmer jeder Stern
erloschen. Und die Augen filtern Tränen –:
Fort Kuß und Liebeswort. Fort Festgeschenke!
Wie traurig dieses elternlose Jahr begann ...
Angst überrieselt dünne Handgelenke:
Wann kommt die Mutter wieder ... wann?!

V

Der Frost versteint mit Schlaf der Kinder Tränenqual;
sie atmen schwer mit Lippen blau wie Stahl.
Manchmal ein Schluchzen noch nach oben zittert,
als hätten Eisenstäbe schon die Brust vergittert.
Da stürzen Engel nieder, zünden Rosen an
und bauen eine Laube um das warme Weinen
der Kinderarmut. Sieh, da lächeln schon die Kleinen
und weiden auf den Honiginseln Kanaan . . .
Das Feuer schlägt mit Prasseln durch den Raum
und durch das Fenster schauert Gottes Nähe
im Strom der Sterne. Wenn ein Toter niedersähe:
O Kinderzeit, Herzinnigkeit! da schweben,
wie Sonnen groß, die Feen über Tod und Leben.

VI

Aufschrein der Kinder, vor der Mutter Bett
plötzlich erwacht, in jubelndem Umschlingen –:
vom Teppich glänzt, aus dem Skelett
der Rosenruten, ein Juwel in Silberringen:
der Mutter Medaillon. Auf schwarzem Grund
in Gold graviert und eingesäumt vom Rund
glitzernder Perlen, jenes Wunderwort
als Lobgesang durch Ewigkeiten fort –:

»Unserer geliebten Mutter!«

(1870)

Ich treibe in die blaue Ewigkeit

Durch Roggenfelder, mohnumschäumt,
einsame Wege will ich gehn.
Ich fühle kühl die Halme wehn,
wie Mohn schäumt auch mein Herz und träumt.

Erlöst bin ich aus aller Zeit,
die Sonnenwolke kann nicht freier sein.
Ich treibe in die blaue Ewigkeit
hinüber, wie mit einer Frau allein.

(20. April 1870)

## Sonne und Fleisch

Endgültige Fassung von
›Credo in Unam‹

I
Ur-Sonne, du Blutquell des Lebens, gesammelte Kraft:
wie duckt sich die Erde dem glutheißen Kuß [Wald,
deiner Umarmung. Da dröhnen die Felsen, da donnert der
die Felder erglühen; Gedränge der Wiesen und Wallfahrt der
umbranden dein Herz, und der Wurm und das Tier [Fische
sind mündig geworden, sind höher gehügelt als Menschen,
die immer noch zögern und ihr Antlitz umschatten . . .
Sie haben zulange Graunebel getrunken, bei Steinen gelegen,
sind hirnlich geworden und opfern dem Baal
der Zahlen den Glauben an deine ewigen Wunder . . .
Aber wir . . . mit dem Bann der Verfluchung im Blut,
wir Raubtiere der Inbrunst . . . wir Jünger der tollen
Entflammung, Propheten der Freiheit und Kriegsvolk:
wir sind im Gefühl deiner Fahne der Knechtschaft entronnen,
wir tragen dein Zeichen und warten, daß du uns segnest . . .

O Venus . . . du Göttin der ewigen Jugend:
wo sind deine fruchtbarsten Reiche
mit ihren tierwilden Weibern und bockstollen Faunen,
mit ihren Fürsten der Liebe, die im Rasen der Säfte
die Bäume zerfetzten und die eiskühlen Nymphen bezwangen?
Wo dunkeln die Tage, da aus den schäumenden Flüssen,
dem Aufschrei der Wälder und Bersten der Berge
der Schoß einer Jungfrau den Pan gebar,
vor dem sich die blassen Gefühle verkrochen,
wenn er der Syrinx mit lustroten Lippen
den großen Hymnus der Liebe entlockte . . .?
Ach, wo sind die maigrünen Vögel, wo ihr Gezwitscher
im Laub unserer Träume . . . der Goldton der Fische,
die heilige Nacktheit der Jungfrau im Schoß
eines verschwiegenen Weihers?
Wer kennt noch Kybele, wer weiß noch, wie heilig ergrimmt
sie die weißen Brüste über die Täler steifte,
wie sie, von Kindern umwaldet
in ewiger Jugend erglühte
und den Jüngling vom Laster erlöste
und den Männern das schlafmatte Erblassen nahm?!

Aber heute murren sie wieder vergreist:
»Wir haben vom Leben genug erfahren!«
Und schwanken mit aschgrauen Gesichtern
und klapprigen Beinen am Lager der Liebe vorüber.
Und schmähen die Götter und halten sich selber
für Fürsten und tanzen ums Kalb
ihrer eigenen Larven im Spiegel der Eitelkeit.

II
Ich aber glaube an dich, du schaumgeborene Mutter,
doch die Wege zu dir sind beschwerlich,
seit uns ein anderer Gott an das Kreuz hat geschlagen,
Marmor und blutheißes Fleisch, o du Mondnacht im Frühling,
entgötterte Venus: an euch glaub ich allein noch.
Die Menschen sind traurig geworden, und grau
lastet der Himmel auf ihren Gebrechen.
Weil sie von Reinheit nichts mehr wissen,
müssen sie härene Kleider jetzt tragen
und verkaufen das Ebenbild Gottes,
den zartweißen Leib, an die Gebräuche
der Bauern und Priester,
leben in schaurigen Knochengerippen
nach dem Absterben noch weiter und höhnen
die ewigen Gesetze der Jugend.
Dein Zauberbild modert in schimmligen Winkeln,
sie nehmen die Liebe wie Nahrung und Notdurft,
und die Weiber küssen mit kalten Gehirnen
und lachen, wenn einer mit Inbrunst
an die weißen Wunder deiner Brüste erinnert.

III
Wann kehren die Zeiten des tieferen Lebens,
die Feiern der Freude, die Götter der Liebe wohl wieder?!
Die Welt steht verbraucht vor dem Ende,
hat alles erlebt und erfahren
und häuft in den Tag die Ruine des Schlafes.
Vielleicht, wenn die Götzen gestürzt sind,
wird auch der Mensch sich wieder auf sich besinnen,
wird in den Himmel die Arme recken
und, trunken von Strömen der Sonne,
mit Bäumen und Tieren vieltausendfach
in die Täler der Fruchtbarkeit schwellen.

Wenn du ihn ansiehst, wie er mit offenem Gesicht
dir zustürzt, o heilige Mutter, und heißes Verlangen
nach den Segnungen der Liebe hegt:
ich weiß: du wirst ihn nicht hinsterben lassen
im Arm des Alleinseins.
Aus dem Schoß der gewaltigen Meere
steigst du im weißen Gewitter des Schaumes
und kommst in ihm abermals wieder.
Sie dürsten jetzt alle nach Liebe, und du wirst dich verschenken,
du Rose des Fleisches, du Brunnquell der Freude,
ewige Jugend und ewiger Frühling.
Zu deinen Füßen Heros und Gott,
wirst du, Kallipygos, Arm fest im Arm
mit dem Zauberer Eros, die schneeweißen
Stirnen der Frauen und Maiblumen streifen
und ihre Säfte entflammen und Herzen weit öffnen.

IV
Und du dort am Fluß, Ariadne, verweint und untröstlich,
daß dich nach solch einer Nacht der Geliebte
lachend verließ . . . und die zarten Sternrosen deines Herzens
in den frostigen Nebel gelangweilt entblättert –:
Tröste dich! Sieh auf dem purpurnen Wagen
des Sommers, mit Trauben bekränzt und von Flöten umklun-
kommt Lysias her von den phrygischen Feldern [gen,
und rötet mit seinem Heerbann von Echsen und Ottern,
tropischen Giften, Gazellen und lüsternen Panthern,
mit seinem Urwald von tollen Gerüchten
und schaurigen Chören die Wogen.
Sieh, wie auf dem strotzenden Rücken des Stieres
Zeus da die bräutlich geschmückte Europa trägt,
wie seine Flanken erbeben, sein Blut in den Adern
noch wilder erbebt, wenn sie die Arme und hautnackten
um seine gespenstische Wildheit, [Brüste
seinen verfieberten Nacken schlägt!
Und sie legt ihrer Wangen rosa Anemonen
an die zerklüftete Stirn ihm und stirbt mit so selig
geschlossenen Augen im langen Kuß der Erfüllung.
Und die Wogen umkränzen ihr offenes Haar
mit dem goldenen Schaum der Gestirne.
Siehe . . . da gleitet auch sanft durch die flüsternde Lotos,
vorüber an Lorbeer, Limonen und Palmen,

der göttliche Schwan und träumt von den Wundern
im Schoß seiner geliebten Leda.
Da bricht auch gewaltig die Schönheit von Cypris
aus schwellendem Grasbett. Ihr schneeiger Leib
blendet die Augen der Sonne, es zittern die Schenkel
im Schauer des Blutes ... und die riesigen Äpfel der Brüste
wippen im Tanz der verhaltenen Schritte.
Einer nur sieht sich nicht um nach der strotzenden Lockung
dieser Geliebten, Herakles, und umgürtet die Lenden wieder
mit dem gescheckten Fell eines Panthers,
läßt Finsternis über sein Antlitz stürzen
und braust mit dem Wind in die noch wilderen Fernen.
In dem blausilbernen Sommernachtsschein
träumt blaß eine Dryade, umwallt
von knisternder Flut blonder Haare,
geht ihr Gesicht, geht ihr hinströmendes Wesen
leise, ganz leise zu den Gestirnen ein.
Und dort in der Lichtung, geebnet vom Schnee der Iberen,
schmiegt sich Selene zu den Flüssen Endymions
und küßt ihn mit dem Blauschein der ewigen Liebe.
Verzückt weint ein Quell und schmachtet
nach den Wundern der Nymphe und lauscht
in den Pausen des Windes dem Schauer
der Liebe, wenn die Nacht wie ein purpurner Schmetterling
die Flügel bewegt ...
Im heiligen Hain, in der Musik der Gezweige,
dunkeln die Marmorfiguren der Götter.
Und ein schneeweißes Reh hebt aus den Gräsern
den Kopf ... und wittert Unendlichkeiten.

(29. April 1870)

## Credo in Unam

Erste Fassung des vierten Teils
von ›Sonne und Fleisch‹

Vor dem Altar des Fleisches:
frei hebt er sein Haupt empor,
der strahlende Mensch
und opfert den Göttern der neuen,

noch nie bezwungenen Himmel
sein fieberhaft zuckendes Herz.
Und sein Blut treibt ihn noch höher hinauf
in die grauen und ungewissen Bezirke
der Welt über den Welten.
Und sein Gesicht,
wie ein Tier,
das plötzlich seine Ketten zerreißt,
stürmt in die Weiten,
das letzte Warum zu erfahren,
den Sinn aller schweigenden Himmel
und ihre raumlos verdämmernden Fernen,
mit dem flimmernden Staub der Gestirne.
Frage –:
was hinter den Sternen sich gipfelt,
wer diese Gebilde mit wessen Gewalten
hineinlenkt in das Chaos der ewigen Ordnung.
Wenn die Stimme erdröhnt:
ist sie der Hornruf der Urkraft,
oder der Schrei nur der Ängste
im Alpdruck des Traumes?
Sehen wir wirklich mit irdischen Augen
die fremde Bewegung?
Und glaubt es die eigene Stimme,
das zitternde Seufzen: »Ich glaube?«
Aber der Tod . . . was heißt das:
wir sterben?
Und stirbt hier ein irdisches Wesen
sich wirklich ins nichtige Nichts hinüber?
Und wenn wir nicht sterben: wo bleiben
die treibenden Keime,
die unvergänglichen Säfte,
was blüht aus der Blume,
und wessen verwandeltes Wesen
ist endlich zur letzten,
zur ewigen Einheit erlesen?
Wir haben uns leergelaufen
im Wirbel der Forschung
und verhüllen die Nacktheit vergebens
mit dem purpurnen Mantel des Wahnsinns.
Wir waren im Schoß unserer Mütter
schon aufgebläht von der Ich-Sucht der Lüge.

Wir sahen im Spiegel das tiefe Geheimnis
des Lebens und griffen verzweifelt zur Maske
und liehen uns Flügel
und waren zuletzt auf der Flucht vor uns selber.
Einmal aber, an irgendeinem Jahrtausendtag,
sind auch die Tore des Himmels geöffnet,
und ihr Raum hat keine Geheimnisse mehr
vor dem götterhaft strahlenden Menschen,
der ein Baum und der Wind und die Wolke
und das Blatt an dem Baum ist
und leiser Gesang in den Nestern
und flüsternde Wolke im abendlich schimmernden Fluß.
Erlösung und Liebe
und wirklicher Sinn aller lebendigen Kräfte,
aller Götterhimmel und Menschenerden.

(Februar 1870)

## Ophelia

I

Auf schwarzer Flut, beschneit vom bleichen Schein
des Nachtgestirns, treibt weit die weiße Braut
Ophelia. Der Wind ist in den Bäumen laut,
die Wiesengräser zittern angstallein.

O wieviel Jahre hat die weiße Lilie schon
das Wasser überblüht mit ihrem Lied,
das ihr der Wahnsinn aus der Seele zieht
und das im Monde heult als müder Ton.

Der Atemzug der Wellen bauscht ihr Haar
zu Ranken, silbern um die Brust geschmiegt.
Sie treibt im Kreise, und ein Weinen wiegt
das Schilf, das ihren Schultern nahe war.

Die Vögel stürzen aus dem leisen Schlaf
der Nester tot ins Kraut, wenn sich der Flor

der Wasserrosen zeigt, Geschilf und Rohr
verschweigt und auf der Flut den Epitaph
der ungeborenen Kinder schreibt.

II

Ophelia, beschämend noch den Schnee
mit deiner Mädchen Reinheit: o, wie brach
dein Herz an jenem Frost, der dich bestach,
ein Spiegelbild zu sehn im schwarzen See,

als Sturm dein goldbeflammtes Mädchenhaar
mit Rosenrot besprang und in das Blut
die Unrast brachte, bist du, wie einst Ruth
die dem Manne hingab, was noch zarte Knospe war,

und unter deinen Lidern erst das Licht,
das hinwies auf den Weg zu deinem Schoß.
Es brach von deinem Herzen Stück um Stück sich los
und überströmte das verdunkelte Gesicht

des armen Narren, wurde Kettenklang
in deinem Hirn und gab dich nicht mehr frei.
Die Nächte waren laut von dem Geschrei
des Irrsinns einen bangen Sommer lang.

III

Die jungen Dichter malen dich jetzt weiß auf blau,
wie du verloren Blumen suchst im Schein
des bleichen Mondes, du, so lilienrein
wie vor dir keine Frau.

(13. Mai 1870)

## Tanz der Gehenkten

Die kleinen Kerle da am schwarzen Strick,
wie strampeln die verrückt mit Arm und Bein,
wenn der Gevatter Tod noch einmal ihr Genick
umkrallt im Sturm bei Flöten und Schalmein.

Auf ihren kahlen Schädeln trommelt Eis
den Takt nach einem alten Weihnachtslied.
Sie drehn den dürren Leib in engem Kreis
herum und bleiben doch in Reih und Glied.

Die langen Beine wissen nicht wohin
vor Langeweile, denn hier gibts nichts mehr
zu räubern, in der Faust das Messer drin,
in dieser Luft sind alle Taschen leer.

Horch, wie die Knöchel wütend an die Lippen haun,
da bröckelt nicht mehr gelbes Fett vom Wanst,
da hockt, in einer Höhle bernsteinbraun,
das dumme Herz zerbeult und ausgefranst.

Wie lange schon sind Strumpf und Schuh vom Zeh
ins Nichts gerutscht. Sie haben überhaupt
kaum Kleidung an. Ein spitzer Helm von Schnee
ist alles, was der Körper sich erlaubt.

Ein Rabe spreizt sich da als Federbusch
und hackt zugleich das bißchen Fleisch vom Kinn.
Das hört der Wolf im Wald und kommt im Husch
und weiß vor lauter Knochen nicht wohin.

Die Tänzer aber sind noch nicht am Ziel,
sie fliegen durch den Regen federleicht
und kriegen nie zuviel von diesem Spiel,
wenn der Gevatter Tod die Geige streicht.

## Züchtigung des Tartüff

Und als sein Herz sich heiser schrie nach einem Weib,
da zog er den geweihten Rock und weiße Handschuh an,
die schützten vor der Welt den schweißig-geilen Leib
und logen laut: Ihr Frauen da, seht her, ist das ein Mann?

Wie Eiter rann ihm aus dem Maul noch ein Gebet.
Die Hände blätterten verstört am Rosenkranz.

Er dachte: wenn das Blut mir bis zum Halse geht,
ist eine Frau auch stark genug für diesen Tanz?

Durch Blätterlücken sah er ihren roten Mund
schon aufgehn und verschluckte sich an dieser Frucht,
ließ seine Arme auseinandergehn –: da schlug der Hund

von Ehemann ihn mit der Keule in die Flucht.
Er ließ ihn nur zehn Schritte fliehen . . . zog ihn aus
und trieb ihn nackend Stoß für Stoß grad ins Gemeindehaus.

## Der Schmied

Palais des Tuileries
vers le 10 août 1792

I
Die wuchtigen Arme schwer auf den Hammer gestemmt,
verzerrt das Gesicht und voll Galle das Maul:
so steht er vorm König, der Riese im blutroten Hemd.
Und durch der Schranzen Gefauch und Gejaul
stößt seine Stimme so stählern vor,
daß die Fenster erklirren und der Kalk von der Wand
polternd herabfällt. Der König, ganz Ohr,
lügt Würde und Haltung, bewegt nur die Hand
manchmal in scherzhafter Abwehr.
Im Blut aber, da friert ihm zu Eis
der Mut –: das rebellische Heer
niederzutrampeln. Und sieht sich im Spiegel – schneeweiß.

Denn was er da hört, ätzt schärfer als Gift.
Die Faust dieses Riesen da schreibt steil empört
an die Tore der Welt mit flammender Schrift,
schreibt, daß es Steine aus dem Jahrhundertschlaf stört –:
»König, du weißt, wo uns der Schuh so drückt,
kennst unsere Quäler und siehst unsere Not,
wenn du uns ansiehst. Der Grind, der uns schmückt,
die Pest, die uns sticht bei Wasser und stinkichtem Brot.
Jahraus und jahrein –: Bist du nicht der Qual

fünffacher Ursprung und hat deine Gier
nach dem Schweiß unseres Elends nicht tausendmal
tiefer das Tier in uns Tieren erniedert, bis wir,
o, nichts weiter mehr hatten als dieses Skelett,
in Armut zur Armut gemacht?!

Öffne den Mund nur: ich weiß ja, daß du
frech alles abstreiten wirst und das Gegenteil hier
aufbaun mit Worten scheinheiliger Ruh;
du: der Gerechte und Großmäuler wir:
die wir nicht wissen, wie gut es uns geht,
faul und gefräßig das Korn auf dem Feld
hinfaulen sehn, im Gebet
nie vor dem Christuskind knien und das Geld
lieber im Garten unter dem Apfelbaum
eingraben, statt es dem König zu weihn.
Nein, nicht nur im Traum
atmen wir Felder voll Korn und Wein . . .
Schwer in der schweißigen Glut der Sommerzeit
fraßen wir Erde bei Distel und Dorn,
und der Regen zerriß uns Gesicht und Kleid,
und wenn uns manchmal der Zorn
hochschoß, wo Hagel die Mühe zerschlug –:
zärtlich umschmeicheln da Blumen die Not
des Herzens, und das Lerchenlied trug
unsre Sehnsucht noch höher ins selige Rot
der Zukunft, die überall Brüder nur kennt,
Zartsein mit Erde, Gestein und Tier!
Aber ihr, die ihr nur mordet und brennt:
Wann lebt ihr nur einmal so einsam wie wir?

Sieh: ich habe nur dieses spärliche Gut:
Arme und Hammer und Amboß, genug
das Leben zu zwingen. In meinem Blut
sind Himmel und Hölle zum Flug
in die Sonne versammelt. Ich weiß,
was dem König, was Gott gebührt.
Doch ihr . . . reißt aus dem Kreis
ruhiger Uhren das Pendel des Glücks und schürt
den Haß in der Welt, setzt Welten in Brand
und mordet in blutiger Schlacht,
»mit Gott für König und Vaterland!«,

den Sohn, der uns das Alter erträglich macht.
Ja –: ihr seid ja die Herrn, die Knechte sind wir.
Da knallen die Peitschen, es duckt sich das Vieh.
Zum Teufel, wer hat uns zu dir
so niedergetreten? Wer bist du und die,
die unsere Töchter beschliefen, uns wider Recht
und Gesetz in die Bastille verbannten, uns Dreck?
Vielleicht ging es nur darum Jahrhunderte schlecht,
weil wir nicht mucksten vor Ohnmacht und Schreck.
Aber waren nicht einmal schon Väter da:
voll Galle das Maul und Mut in der Faust?
Weißt du noch, was da im Wirbel geschah
im Sturm auf das Zuchthaus, vom Pöbel verdreckt und ver-
Der Pöbel war mündig und schlug [laust?
mit den feurigen Waffen der Freiheit die Brut
der Pfaffen und Fürsten zu Staub. Ach, noch nicht genug:
bis tief in das Herz von Europa ergoß sich die Flut
der Erhebung. Wir trugen wie eine Monstranz
den Stumpf unserer Armut straßhin und straßher.
Der Himmel noch schüttelte purpurnen Glanz
auf unsere Entflammung. Wurden nicht müde, nicht leer
bis von den Häusern der Reichen kein Stein
auf dem anderen blieb. Nach den Leichen da stank
schon zum Himmel Paris. Es kuschte sich klein
und zitterte fieberkrank
wie ein räudiger Hund, wenn mein Schritt
vor dem Marschtritt der Brüder erscholl.
Und mein stählerner Hammer zog mit
und mähte, des heiligen Geistes voll,
die Köpfe wie Halme ... Was glotzt du so scheel
in mein Gesicht? Du Hund, hüte dich!
Hier gilt nicht Gesetz, nicht Befehl.
Richter und Henker in einem bin ich.
Bist ein Jahrtausend schon reif für den Streich.
Ihr seid alle reif, daß man euch umlegt
als Dank für die Knechtschaft der Armen im Reich.
Nie hat Erbarmen das Herz euch bewegt,
wenn wir, Elend und Dreck, vor der Zeit
hinfaulen mußten. Mit Steuern hart
habt ihr noch toller geraubt. Gott Vater war weit
und die Pfaffen auf Weiber und Wein vernarrt.
Wir haben von diesem verdammten Beamtentum

endlich genug. Wir wollen den stinkichten Wanst
im Traum nicht mehr riechen. Der zackige Ruhm
eurer Kronen ist Asche, der Purpur hängt ausgefranst
von den Schultern herab; sieh zu,
daß dich wer kratzt, wenn es juckt.
In unseren Augen bist du
nur noch der Kopf, der sich dem Fallbeil duckt.

II

Da reißt er den König herum und zeigt
stumm auf das Volk, das sich da drängt
und staut und um den Palast sein Geheul verzweigt,
bis aus den Fenstern die Fahne herunterhängt,
die Fahne der Menschheit, die Fahne blutrot.
Es donnern die Pauken, der Himmel erdröhnt –:
Wer von den Weibern da fühlt noch den Aussatz der Not?
Die Kampflust hat Augen und Wangen verschönt.
Es blitzen die Sensen. Von Keulen ein finsterer Wald
donnert gen Himmel –: Jawohl, Majestät,
hörst du dein Volk? Kein Spalt
klafft in der Mauer. Wie? Ein Gebet
murmelt dein Mund und jetzt? Warum
kamen dir Tränen nicht früher? Jetzt bist du dem Schmied
verfallen. Der duckt sich nicht krumm,
wenn du befiehlst, daß er hier kniet.
Sieh, da unten wartet mein Weib
mit der Menge auf Brot.
Drei Kinder zog man aus ihrem Leib,
und alle drei schlug das Soldatenpack tot.
Deine Soldaten! Die hatten kein Herz in der Brust.
Soffen wie Tiere des Urwalds wild
unser Blut. Schändeten Weiber und tanzten vor Lust
um das goldene Götzenbild
des Ruhmes. Aber wir Volk, wir Nichts –:
weißt du nicht, wie man uns schröpfte, zehnfach zerriß,
wie man uns hohngelben Gesichts,
wenn wir nicht kuschten, auf die Galeere schmiß?
Was da jetzt wogt und tobt und hell brennt,
das sind die Herden, das Untertan-Vieh.
Das sind sie, die Söhne der Erde; zu spät erkennt
sie dein Herz. Den Hut ab, aufs Knie
vor den Proleten; vielleicht kaufst du dich los

vor dem Schafott. Sie haben Ihre Freude, sind voll Humor,
wenn sie dich endlich zappeln sehn, elend und bloß
wie wir, als uns noch heiß deine Gewalt überfror.
Vielleicht spannt dich ein Bauer als Gaul
vor den Wagen voll Mist
und fährt mit der Peitsche über dein Maul,
wenn du nicht auch so klein und arm wie wir Armen
[geworden bist.
... Und könnten so froh auf der Welt
doch da sein mit allen Geschöpfen im Bruderbund
und das Handwerk bestellen, das Haus und das Feld,
und Herz haben, gottgütig und klar bis auf den Grund.
Das ist die Schuld, die dich verdammt
und unsere Wut, die jetzt immer höher loht –:
daß du nicht einmal gütig entflammt
von den Schultern uns abnahmst die lastende Not.
Wenn es jetzt knallt und Fäuste dir ballt,
das Volk –: Wir brauchen mehr Raum!
Wir trotzen der alten Gewalt
und bauen dem ewigen Traum
vom Himmel auf Erden das herrlichste Haus,
wo man in Frieden, jeder mit jedem lebt.
... Und lachen die Schranzen dich aus
und ist noch ein Marschall, der tollkühn den Degen hebt
und mit Kanonen uns Volk bedroht –:
dann denk an den Kopf, blutig im Aschensack,
denk an die Hand, die ein Rebell dir bot,
und scheiß auf das Adelspack.

Den wuchtigen Hammer erhoben zum Schlag,
macht er das Volk bis aufs Blut verrückt!
Und die Glocken heulen: Das ist der Tag!
Und der Sturm auf das Zuchthaus ist endlich geglückt.
Einbricht die Menge ins Schloß da und glotzt
auf den König und zählt bis zehn. Er antwortet nicht.
Da schmeißt ihm die Faust, die vor Dreck nur so strotzt,
den Hammer ins Hirn und ein rotes Tuch ins Gesicht.

## Die Toten

. . . Français de soixante-dix,
bonapartistes, républicains,
souvenez-vous de vos pères
en 92 etc. . . .
Paul de Cassagnac (Le Pays).

Vom Jahrgang zwei- und dreiundneunzig ihr,
vorauf dem Wagen Freiheit rasend, rot
das Banner über euch. Bedroht
von einem Joch, das kaum ein Tier

zu tragen wagt. Ihr habt das zugebaut
mit Blut. Und sprecht als Seher das Gericht.
Aus eurem Samen werde wirklich Licht
in einem Himmel, der unendlich blaut.

Das Auge, das so brach, schlug innen ein.
Nah eurem Herzen ragt der Meilenstein,
Gefallene ihr von Fleurus und Valmy.

Ruht aus . . . zu euren Füßen fault der Mord
der Könige. Trompeten stören nie.
Doch hat der Herr von Cassagnac das Wort.

## Das Promenadenkonzert

Place de la Gare
à Charleville.

Auf diesem Viereck, eingezäunt von Baum und Haus
ist alles spießerhaft und aufgepumpt von Fett.
Die Sonne denkt: wozu zog ich die Hosen aus?
Und bleibt den ganzen Tag im warmen Wolkenbett.

Nur einmal in der Woche putzt sie sich und scheint
auf die Musik herab. Der dicke Tambour grinst,
und dieses Zeichen hat die Weiber schon vereint
zum Marsch um den Gewohnheitsklatsch von Gott und Kunst.

Dies Thema plätschert nun Minuten so honett;
denn später wechseln sie die Bilder nach Bedarf.
Da ärgert sie schon das Busento-Fett
der Frau Direkteur. Und weil alle Ehemänner scharf

nach der enormen Rundung sind, wird spioniert,
wo die Natur zu Ende ist und Schneiderwerk beginnt.
Am Apotheker, der hier grad vorbeispaziert,
wird auch kein gutes Haar gelassen: weil mit einem Kind

von ihm die eigene Nichte niederkam.
Und dieser Hurenbock hat noch den frechen Mut,
mit seiner Uhr am Bauch zu nörgeln? Rot vor Scham
weicht ihm der Pfarrer aus und sucht sich auch ein junges Blut.

Vielleicht sitzt, die ihn will, beim Krämer auf der Bank.
Das ewige Geschnarr von Zahlen macht ihr Blut ganz wild
nach einer Luftveränderung. Sie hüstelt krank
und sieht Mama und ihr verstaubtes Ebenbild,

das streift mit bösem Blick den Kaiserlichen Rat a. D.
Herr Kaiserlicher Rat stopft sich ein Pfeifchen voll,
riecht am Tabak; geschmuggelt? brennt wie Schnee.
Der Staat, verdammt, der existiert auch ohne Zoll.

Das heißt: die andern müssen zahlen, bis sie grün
wie Leichen unterm Galgen werden. »Diener, Herr Baron!«
Dem Herrn Baron ist heut besonders warm. Er muß sich mühn,
mit seinem Nachbar Schritt zu halten, weil Schalom Cohn

vielleicht den Wechsel doch noch stunden wird.
Wenn nur die naseweisen Lümmels nicht so dreist
mit ihren Kreiseln wären! Manchmal auch: da irrt
der Posaunist sich in den Noten und entgleist.

»Gesundheit!« brüllt der Korporal, der grad
der Bonne einen schönen Witz vom Storch erzählt.
Und wie der Walzer klingt und Leutnants wie auf Draht
bewegt: hat sich im Strauch ein Hundepaar vermählt.

Ich aber habe jetzt genug vom Tantenschwatz
und drück mich fort, zerlumpt wie ein Student.

Wie lange wartet an der Kirche schon mein Schatz
und denkt an Dinge, die man keinem Dritten nennt.

Ich streichle mit den Augen ihre weiße Haut
am Hals. Ich darf des Nachts vielleicht auch tiefer gehn.
Die Schultern und die Beine sind so wunderbar gebaut.
Du weißes Tierweib: laß mich nicht so elend stehn!

Ach Gott, der Tag braucht eine Ewigkeit,
bis ihn die Nacht umarmt. Wir werden früher klug
und trinken, wenn der Mond die weißen Rosen mild beschneit,
den süßen Wein der Maienzeit in einem Zug.

## Die Schaumgeborene

Wie aus einer grünen Regentonne taucht der Kopf der Frau
mit den braunen eingeölten Haaren.
Augen zeigt sie –: Teufel, mir wird flau!
Und dann die Nase: warzig, platt und schnapserfahren.

Dazu paßt der fette Nacken haargenau,
auch die Schultern. Und wo irgendwann mal Brüste waren,
hängen Lederschläuche schleimig grau,
hängen bis zum Bauch herunter und ersparen

mir den Anblick jener Stelle zwischen Wanst
und dem Aufbruch der massiven Schenkelknochen.
Um auf diesem Düngerhaufen auch nur eine

leise Spur von Schönheit zu entdecken, mußt du deine
schärfsten Mikroskope holen. Laß dir nachher Mohnsaft
Und dann tu ihr, . . . was du nicht lassen kannst. [kochen.

(27. Juli 1870)

## Närrisches Spiel in drei Küssen

Sie hatte kaum noch Wäsche an,
und durch das Fenster warf ein Baum
aus halber Höhe rosa Schaum
und Duft herein. Der Mond begann.

Sie saß im Sessel wie der Mond so blank,
verschämt die Arme auf der jungen Brust.
Die kleinen Füße wippten unbewußt
den Takt der Lust, mein Herz schlug fieberkrank.

Ein blauer Schatten schoß vom Laubgewirr
herunter, traf des Leibes Elfenbein
und stand erschrocken irr
wie ein Insekt auf spiegelweißem Stein.

Ich küßte meiner Dame heiß
der feinen Knöchel Muskelspiel
und war noch weit von meinem Ziel;
sie lachte: »Du, um keinen Preis.«

Die schmalen Fesseln zogen sich,
husch, in den roten Plüsch zurück,
ich fühlte ihre Fingerspitzen im Genick
wie Nesselgift, Insektenstich.

Sie schloß die Augen schreckhaft zu
beim nächsten Kusse auf das Knie,
ihr schmales Schlangenzünglein schrie:
»Wagt sich dein Mund noch weiter, du,

dann beiß ich dich!« Mein Mund, im Zug
war schneller und entdeckte in dem Tal
der Brüste das blutrote Muttermal
und das war ihr zuletzt noch nicht genug.

Sie hatte nichts als nur die Haut noch an,
und durch das Fenster warf ein Baum,
als freue es auch ihn, aus rosa Schaum
ein Seidenpfühl herein. Und Gott begann.

(15. August 1870)

## Warum Nina nicht kommen will

Er:

Komm wir wollen spazieren gehn,
deine Hand fest in der meinen,
atmen wir durstig das waldfrische Wehn
und lassen die Sonne über uns scheinen.

Rosenrot flutet das Wasser zu Tal.
Zweige umarmen sich lange.
Unter den Perlen aus silbrigem Stahl
lehnen wir Wange an Wange.

Dreht sich nicht im Wirbel dein junges Blut,
wenn junge, grünende Birken
nackt aus der badfrischen Flut
dehnend sich mit den schlanken Fichten verwirken?

Laß dein gestreiftes Nachtgewand
im Grase schleifen;
unter den Augen den Schattenrand
zu goldener Heiterkeit reifen.

Fröhlichste Tochter des Erdenrunds,
lachst du mit weißen Gebissen
deines kußtollen Munds
mein Herz ist hell hingerissen.

Was dann Gebet und Gier
von dir begehren:
du gibst es mir
ohne viel Wehren.

Gibst mir den Himbeergeruch
deines Leibes in Bechern.
Unter dem rosa Tuch
fallen uns himmlischen Zechern

immer süßere Spiele ein.
Und dein Lachen und wildes Umschlingen

dein Weinen zum Schein
ist nicht mehr umzubringen.

Deine siebzehn Jahre, ha!
die sollst du genießen.
Ich bin ja nur dazu da,
mit dir durch alle Wiesen zu fließen.

Wange an Wange so dicht gepreßt,
daß sich zwei Stimmen zu einer vereinen,
sind wir im Hohlweg schon, sind wir im Nest
hinter den himmlischen Meilensteinen.

Wenn deine Augen dann
Ohnmacht lügen und sagen,
daß ich behutsam dich durch den Tann
soll tragen –:

Wie einen zitternden Vogel will
ich dich wiegen,
mit meinen Lippen ganz still
mich über dich biegen,

mit dem süßesten Kuß
dich einsingen,
wie man Kinder einsingen muß,
in den Himmel zu springen . . .

Dann wird das Eis in deinem Blut
unter den leisen
Liebkosungen als Glut
wieder kreisen.

Und der Wind in den Buchen wird stumm
und tritt zu den Wiesen,
da stehen die Bäume herum
wie Riesen.

Wir finden den Weg zurück
über den Hängen.
Zu unseren Füßen tobt Abendglück
in Glockengesängen.

Eine Meile liegt noch das Dorf
vor uns und wie hinter Nebeltüren.
Aber von Kohl und Torf
der Geruch ist bis hierher zu spüren.

Von den Dächern qualmt Nacht,
wir sind gelandet.
Häuser wie Wale ungeschlacht
auf Dünen gestrandet.

Es duftet nach Milch und warmem Mist,
in den Ställen geistern Laternen,
gut, daß du nicht unter den Mägden bist,
sonst müßtest du melken lernen.

Die schwarzblanken Rücken des Viehs,
wie Wellen schaukelnd im Schreiten.
Und zwischendurch eines hautnackten Knies
Prall, wenn die Füße wo ausgleiten.

Und siehst du im Schein
des Kamins mit riesiger Brille
die Großmutter, und wie sie für dein
Seelenheil sich eingräbt in die Postille?

Auf irdnen Geschirren dampft
ein saftiger Schinken.
Gabeln, in Fäusten verkrampft
schlagen hinein die scharfen Zinken.

Und zwischen Tabak und Alkohol
zermahlen schwarze Gebisse
das Fleisch; dazu Sauerkohl
und das gewisse

Quantum Kartoffelbrei ...
Hinter den Schüsseln aber ründet
sich eines Kindes rosiger Popo, als sei
des Hauses Wohlstand auf ihn gegründet.

Zum Lachen: wie mit Respekt
der Vater den lütten Knaben

beiseite schiebt, Küsse schleckt
und seine Ruhe will haben.

Auch vor der Schwiegermama,
die auf wurmstichigem Sessel
dasitzt mit zahnlosem: »Ja ... ja ...!«
wie eine Hexe am Höllenkessel ...

Siehst du, Geliebte, das alles sehn
wir neugierig durch Ritzen
der Fenster. Und es könnte geschehn,
daß uns die Wohner mit Jauche bespritzen.

Von Flieder belaubt aber winkt
unser Häuschen uns. Die Sterne
sticken Silber ins Blau, das blinkt
wie ein See in die Ferne.

... Nicht wahr: du kommst doch zu mir;
ich freue mich so.
Wie schön durch den Morgen mit dir!

Doch sie: »Und das Büro?!«

(15. August 1870)

## Die staunenden Bettelkinder

Sie hocken platt im Schnee vorm Kellerfenster,
fünf Kinder schwarz vermummelt wie Gespenster
mit Hälsen hungrig vorgereckt.

Die blanken Elendaugen sehn voll Staunen
wie da der Bäcker mit den Armen, haarig-braunen,
die dicken Weizenfladen streckt.

Sie sehn die Brote langsam von den Brettern
kopfüber in den roten Ofen klettern,
umzischt von Dampf und Kohlenglut.

Es knistern in dem Schlund die harten Krusten,
der Bäcker wischt den Schweiß aus dem verrußten
Gesicht; ihm ist vergnügt zumut.

Die Kinder aber kauern da wie weiße Mäuse
so schüchtern, und der Dampf aus dem Gehäuse
hat ihre Wangen rot gemacht.

Die runden Kuchen kullern aus dem Höllenrachen
so schön geformt wie Zucker-Knuspersachen
für eine tolle Hochzeitsnacht.

Und in dem schwarzen Holzgebälk beginnen
die Grillen ihre Melodie zu spinnen,
und die zerplatzten Rinden singen auch.

Da zuckt es schon begehrlich in den Kinderherzen,
sie fühlen nicht mehr Frost und Steine schmerzen,
vor ihrem Mund der Atem steht wie Rauch.

Fünf Waisenkinder aus dem Mohrenlande,
sie wippen aufgeregter auf dem Eisenbande
und drängen durch die Stäbe das Gesicht;

es kleben an dem kalten Glase ihre Wangen,
sie flüstern ihr verschüchtertes Verlangen,
daß irgendwer die süßen Brote bricht.

Sie summen ihre alten Kirchenlieder
und glauben, daß der Herr zur Erde wieder
herniedersteigt.

Sie haben sich so wild herumgebogen,
daß aus geplatzter Naht der Hosenboden
die weißen Fahnen zeigt.

## Roman

I

Man ist noch viel zu jung mit siebzehn Jahren
man haßt die Häuser und entflieht den bunten Karawanen.
Auf steilen Wegen, wo kaum Wagen fahren,
schwebt man dahin: oh, Schwan ... träumt von Romanen.

Der Juniabend taumelt durch die Linden.
Betäubt von Stern und Duft muß man die Augen schließen.
Im silbernen Sopran der Gräser finden
wir irgendwo der Liebe Ursprung und genießen.

II

Ein Fetzen Seide knistert, von den Zweigen
der Haselnuß noch halb verdeckt. Der Mond wirft Schatten
auf das Gesicht. Lustgeschrei zerschrillt das Schweigen
und stirbt; ein Spuk, lang ruchbar in den Blütenschnee-Rabatten.

O siebzehn Jahre –: Juninacht. Da tanzen
die Pulse süß berauscht. Im tollen Wirbel blitzen
die Küsse hin und her. Von diesen Lanzen
der Lust durchbohrt: so will man sich in Ewigkeit besitzen.

III

Wie schnell im grauen Tag ist diese Herzgeschichte
erloschen, wenn, beschirmt von väterlicher Würde,
das Mädchen dir begegnet, dem du oft Gedichte
geschrieben hast. Vielleicht verbirgt sie süße Bürde

noch so im Kleid, verknotet unterm Herzen
wie in der Nacht, da wir uns tief erkannten ...
Ach nein, sie lächelt nur zu den verstaubten Scherzen
des Herrn Papa und setzt sich zu den Tanten.

IV

Man ist noch immer so verliebt und trifft im Garten
nur Mägde an, die höhnisch um die Ecke schielen.
Schon füllt mit Galle sich der Mund von diesem Warten
auf ein Gespenst und läßt die Fäuste spielen.

Ein Brief ist irgendwann von ihr gekommen.
Man liest ihn im Café und läßt den süßen Plunder fahren.
Im Duft der Linden: bald wird ein andres Herz genommen.
Man ist ja noch so jung mit siebzehn Jahren.

(23. September 1870)

## Ewiges Elend

Wo roter Flammenwirbel der Kanonen
des blauen Himmels Wunderwelt zerreißt –:
treibt einer, der von Gottes Gnaden König heißt,
sein Volk in grauen Bataillonen,

durch das Inferno einer Schlacht . . .
Der Wahnsinn tobt mit Messern und mit Kugelspitzen
auf Feldern, wo die blauen Schwalben blitzen
im sengenden Arom der Rosenfracht.

Ist nicht ein Gott gehöht, den Zwist zu schlichten,
wo Menschenbrüder sich wie Bestien vernichten?
– Ach, dieser Gott ist nur für Weiber da,

die sich mit Weihwasser die Stirn betupfen
und, halb benebelt vom Hallelujah,
die Opfergroschen aus dem Schnupftuch zupfen.

## Cäsarenzorn

Lustwandel unter Blumen. Doch die Stirn so bleich.
Der schwarze Rock engt ein und die Zigarre brennt.
Er denkt an drei Fontänen. An den Goldfischteich
vorm Schloß. Und rast –: Von diesem Reich, warum getrennt?

Ein Kaiserreich. Und dann der pöbelhafte Schluß:
den Kerzenstumpf betrogen um das bißchen Licht,

das blaue Freiheit heißt. Sie zuckte aber nicht.
O, wie ich meine Nichtigkeit zergähnen muß.

Gefangen! Welche Namen lodern da herauf?
Die Lippen bleiben stumm. Von Bitternis zernagt.
Wer fühlt das, wo der Blitz der Augen hat versagt?

Die Sippen drehen sich im halben Kreisellauf
vorüber. Brille du, komm näher ran, er packt
dich und Saint-Cloud, und sich. Und raucht im Takt.

## Reise in den Winter

Durch das weite, verschneite Feld
schäumen die Hufe und klingeln vorm Schlitten.
Wir ducken uns tiefer ins Pelzwerk der Sitze
und treiben das Kußspiel schon so auf die Spitze,
als hätten uns Nächte von draußen geschnitten.

Doch wer wird gleich weinen,
wenn manchmal boshaft durch Fenster
als schwarze Gespenster
Dächer oder Bäume scheinen?
Schließe die Augen.

Du darfst auch nicht zucken,
wenn langsam die Wangen herunter
mein Kuß wie ein Mäuschen so munter
vom Hals in den Busenspalt huscht.

Und lächelst du: »Suche!«
Im Blausamt der Kissen gekuscht:
mußt du mir Zeit lassen,
das Tier bei den Haaren zu fassen.

(Im Eisenbahnabteil am 7. Oktober 1870)

## Der Schläfer im Tal

Begrenzt von eines Wäldchens schwarzem Riegel,
duftet ein Kleefeld honigsüß und stark.
Des krummen Flusses kühler Zwillingsspiegel
spinnt Silberflitter in das zarte Knospenmark.

Barhäuptig und den Mund von Fieberqualen
zerklüftet, ruht er unverbunden noch im Kraut.
Blutschnecken kriechen aus Perlmutterschalen
und beizen Frost auf seine weiße Knabenhaut.

Sein Atem haucht gebrochener Laute Wort,
der Wind im Gras nimmts ihm vom Munde fort,
in ein verbangtes Mutterherz hineinzufalten.

Aus der zerschossenen Seite quillt es rot heraus,
wie wenn die Hände, die verkrampften, einen Strauß
taufrisch geschnittener Rosen halten.

(Oktober 1870)

## Das grüne Cabaret
*(Fünf Uhr abends)*

Die Straßen fraßen Stroh aus meinen Schuhn
acht Tage schon. In Charleroi am Ziel.
Das grüne Cabaret mit Fenstern, wo soviel
Gebäck und Braten lockte, auszuruhn.

Die Beine suchten unterm Tisch ein Bett.
Von Wänden grinste schlechte Malerei.
Und da die Magd gewackelt kam, als sei
ihr Busen plötzlich hochgedreht vom Fett

und immer kußbereit ihr Mund dem Gast –:
auf bunten Tellern warmes Fleisch lag mir
doch näher, als ins Bett zu gehn mit ihr.

Von Knoblauchduft gewürzt und rosenzart
der Schinken auf dem Brot mit Butter eingefaßt.
Und dann ein Bier, den Schaum wie Eis im Bart.

(Oktober 1870)

## Gelegentlich beim Essen

Geruch von Frucht und Holzwerk füllt das Zimmer.
Ich habe mich behaglich hingestreckt
und habe keinen blassen Schimmer
vom Draußen mehr. Die liebe Zunge schmeckt

das Essen schon, das in der Kupferpfanne
noch schmort, gewürzt von Majoran und von Salbei.
Zuweilen knarrt der Wurm im Stuhl. Susanne
äugt durch den Spalt der Tür. Ihr schlanker Hals liegt frei

und trägt so stolz Gesicht und blondes Haar.
Miteins stößt sie die Türe ganz zurück
und tanzt herzu und läßt die Zähne blitzen.

Es dauert nur ein wenig, bis wir wie ein paar
Verlobte da vor vollen Schüsseln sitzen . . .
und ich ihr erst erklären muß . . . dies Zufalls-Glück.

(Charleroi, Oktober 1870)

## Der großartige Sieg von Saarbrücken

(Errungen bei dem Rufe: »Vive l'Empereur«
und gezogen aus einem belgischen, wunder-
voll kolorierten Stich; für 36 cts. in
Charleroi zu haben.)

In der Mitte dieses Bildes, nicht zu übersehn,
blau und gelb der Kaiser. Auf dem Pferdchen hockt er da
voller Majestät. Die runden Augen stehn
etwas vor, er lächelt wie ein biederer Papa.

Aus dem Haufen der Soldaten, blutig und verdreckt,
recken sich die Generale. Trommeln und Gewehr
wachsen rund um ihre Bäuche. Ein Gefangener streckt
dürstend seine Hand. Die Offiziere wollen mehr.

»Hoch der Kaiser«! brüllt das alte Gardenpack.
Manche bohren in der Nase oder kraulen sich
die verlausten Borsten grimmig stumm.

Plötzlich taucht ein Tschako auf, greift aus dem Sack
dicke Orden ... Hinter ihm, zum Lachen bürgerlich,
zeigt den feisten Hintern Boquillon: »Warum?«

(Oktober 1870)

## Der alte Speiseschrank

Ein dunkelbrauner Schrank mit Schnitzereien
im Holz –: kein Großpapa kann so gelassen
nach außen schaun. Die Schiebetüren fassen
Geruch zusammen aus Gewürz und Apfelwein.

Vergilbte Wäsche türmt in Bergen sich empor,
gemengt mit Spitzen, Kinderspielzeug, Bändern
aus Seide, Sammelwerk aus allen Ländern
der Erde zwischen zartem Schleierflor.

Da liegen auch Portraits und blonde Locken,
verdorrte Blumen, Tänzerschuhe, Zuckerbrocken
im Duft der Birnen und ein Pflaumenkern.

Die hundert Jahre Dasein schon dem dritten Herrn
erzählten, würdest du die Türe von der Riegelwacht
befrein: Geschichten wie aus Tausend-einer-Nacht.

(Oktober 1870)

## Mein Zigeunertum

Der grünverfaulte Rock läßt kaum die Hände
in den zerfetzten Taschen ruhn,
denn von den Hosen bis herunter zu den Schuhn
pfeift aus den Stoffruinen mir der Teufel die Legende

vom verlorenen Sohn, den selber ich verspotte
mit Liedern paradiesisch aufgebauscht.
Für sie hab ich ein Lager eingetauscht
beim Bärenwirt und floh aus dieser Lausegrotte

noch in derselben Nacht. Die drehte Funkelsterne
und braunes Laub herab. Ich trank beglückt den Tau
wie Traubensaft und wurde beinah davon blau;

ich sang am Gummi meiner Zuggamasche zupfend
ein Harfenlied und wie ein Schlangenpfeifer hupfend
um das gefrorene Silber einer Traumzisterne.

## Die Raben

Mein Gott: Wenn Leere auf den Feldern gähnt,
wenn krank aus dürren Schachtelhalmen
die hingeduckten Dörfer qualmen
und Nachtgeläut aus trocknem Strauchwerk tränt:
dann laß die tollen Höllenscharen
der Raben auf die Erde niederfahren.

Mit stolperndem Gekrächz erscheinen sie,
die Nester fegend vor den Stürmen
entlang den Pappeln, auf den Türmen
und durch der Wiesen schaurige Prärie
sich jagend, überschlagend, Hexentänze,
im Niedersturz beglänzt die Steuerschwänze.

Ja, ihr sollt hunnenhaft im Flockenschauer
heilige Heimaterde pflügen,

wo Tote ruhen unter Ruhmeslügen
und Wanderer stillstehn: stumm vor Trauer.
Durchdonnert die vereisten Ohren
der Republik. Und Rächer werden uns geboren.

Doch wenn die Lerche Gottes Auge sucht,
stört nicht des Frühlingsrufers Kreise.
Dort unten auf der braunen Schneise
verwittern, wie vom Hochgericht verflucht,
die Helden alle, die kein Freudenfeuer
mehr wachruft. Nacht der Schmach drückt ungeheuer!

## Die Stubenhocker

Sieh, ihre Augen, die den grünen Schatten
des Lampenschirms wie Eiter auf die Haut
herniedertaun! Sieh ihre knochenglatten
Fühlhörner um das Knie herumgebaut!

Sieh, wie sie die von Gicht verdrehten Beine
verflechten mit dem windigen Skelett
der Stühle und ins Moos der Ziegelsteine
den Lungen Löcher spucken für das Totenbett!

Ob Regen oder Sonnenschein die Fenster
ausfüllte oder Eis sie ganz beschlug –:
die braunen Köpfe wuchsen als Gespenster
in einem Licht, das keine Jahreszeiten trug.

Die Stubenhocker fühlen sich in keinem andern
Gehäuse so umwohnt von einer goldenen Fessel.
Durch ihre ausgebeulten Hosen wandern
Strohhalme aus dem Sitz der Polstersessel.

Die Knie hochgedrückt bis zu den Zähnen,
trommeln sie Barkarolen auf dem zum Klavier
erhobenen Hinterteil und schlagen mit den Kähnen
an ihren Füßen Takte: zwei ... drei ... vier ...

Doch wehe euch, wenn ihr die alten Kröten
aufscheucht . . . die bösen Mäuler hauchen Gift
und stielen Augen vor, die jedes Leben töten,
das mit dem grünen Schleim zusammentrifft.

Sie wachsen mit den Wänden zu Kakteenhecken,
die weißen Kröpfe leuchten tropisch grell,
aus jedem Knopf an ihren Kleidern stecken
sich Zungen hoch im Feuerkarussell.

Aus allen Poren schäumt das gallig Tolle,
in Wucherungen triefend bis zum Wahnsinn krank.
Weh euch, wenn diese übervolle Knolle
zerplatzt und Hagelschauer wirbelt aus Gestank.

Noch wo ihr euch zurückzieht, angewidert,
tönt dumpfes Grollen nach
aus den geschwollenen Drüsen, rot befiedert
von einem Haargebüsch, das jeden Kamm zerbrach.

Bleibt nur die Nacht. Sie zähmt mit den Narkosen
des Traums die störrische Skorpionenstirn
und baut aus Sesseln, durchgerutschten Hosen
vorm Schreibtisch Nester für ein Tintenhirn.

Die knisternden Papiere falten sich zu Weiberzitzen,
man sieht umkränzt sich wie ein Heldenbild;
indes sich kitzelnd an den Strohstuhlspitzen
ein Glied begeilt und in den Himmel schwillt.

## Faunsgesicht

Das Grüne hat die Goldschatulle eingelullt
mit Finkenschlag und eines Käfers Funkelblitz
durchs Kraut. Kaum daß ein Schlitz
noch sehen läßt die rosa aufgedrehte Huld

der Küsse, die ein braungefleckter Faun
in die beflammten Blütendolden sprengt,
der seine weißen Zähne zeigt, wenn angesengt
die Blumenaugen Lücken brechen in den Zaun.

Er flitzt nach oben katzenhaft und schmal,
die Spuren fegend mit dem Schweif aus Schaum
und sperrt den abgebrochnen Sommertraum
in ein Gehäuse hinter Glas und Stahl.

## Faunsgesicht

Das schwüle Blättergrün hat eine Weile nur
den liebestollen Faun betäubt.
Im Silberflimmer ist die Perlenschnur
der Küsse still zu nichts zerstäubt.

Doch eh die Drossel wieder lockt und lockt,
bricht er mit Zähnen, weiß wie Elfenbein,
schon wieder in das rote Mohnfeld ein
und küßt, bis ihm der Atem stockt.

Und flitzt ins Dickicht katzenschmal,
mit seinem Schweif aus Nebelschaum
und scharrt den schwarzen Sommertraum
in ein Gehäuse ganz aus Stahl.

(2. Fassung von ›Tête de Faune‹)

## Grenzwächter

Der Donnerwetterton der feisten Korporale,
das böse Grunzen der Beamten auf der Eisenbahn:
sind süßeste Musik, wenn du das leichenfahle
Gekrächz daneben hörst, womit dich, Untertan,
der Grenzer trifft. In seinen Augen bist du rotes Tuch.

Und stehst noch halb verbiestert an den Schranken,
hast nichts geschmuggelt, bist ein ehrenwerter Mann:
dann schnüffeln sie aus deinen hintersten Gedanken
noch irgendetwas, das vielleicht gepascht sein kann.
Du standst, noch ehe du geboren warst, als Lump in ihrem Buch.

Geh weit im Bogen um die Teufelsbrut herum.
Sahst du sie einmal schon spät abends patrouillieren,
wenn der Septembernebel, einem Kuhmaul gleich,
den Wald bespeichelt? Wolken wandern nicht so stumm
am Himmel hin, wie diese Schleicher, die an Bäumen kleben,

bald durch das Kornfeld kriechen, krumm auf allen Vieren.
Ach, gnade Gott dem Armen, der auf solchen Streich
hereinfällt und sich ohne Gegenwehr ergibt.
Er hat zum letzten Mal in seinem Leben
den Schnaps geschmeckt und den Tabak geliebt.

Wenn er verbläut im Loche frieren muß,
sein Weib ist jung und will die Nacht im Bett was haben . . .
Dem Grenzer schmeckt auch dieser Judaskuß
nach dem Rezept: Wo Aas stinkt, sammeln sich die Raben.

## Abendgebet

Wie ein Gesicht, beim Schaber eingeseift,
grinst mich aus dem geschliffenen Glase
der Bierschaum an. Ich pfeife durch die Nase
zurück den Alkohol, mit Rauch gestreift.

Es brennt mit der verwesenden Gewalt
von Taubenmist ein Lustgenuß durch meine Träume
und zieht den Saft der frühlingsblanken Bäume
empor ins Hirn, als wäre ich schon tausend Jahre alt.

Aus ungezählten Schoppen schlägt das Blut
den Sternenbogen über Meere blau und golden
und fällt zurück. Nach außen drängt die Flut.

Da steh ich zwischen Schleh und Disteldolden
breitbeinig und den Atem pressend still,
den Himmel anzupissen, der mich nicht mehr will.

## Pariser Kriegsgesang

Im grünen Überschwang der Bäume:
das kann nur unser Frühling sein.
Hinauf in seine Wolkenträume,
steigt ein Ballon und macht uns kinderklein.

O Mai, und ihr in eurer Nacktheit Aufgestörten,
Meudon und Sèvres, Asnières, Bagneux, fühlt ihr denn nicht
den Aufruhr, den noch nie gehörten,
Trompeten in dem aufgeglänzten Licht?

Sie haben Lanzen, Tschakos und Gewehre,
die preußischen Soldaten. Nur ein Boot
gähnt ruderlos hinüber in das leere,
gespenstisch fahle Morgenrot.

Wir aber treiben uns auf vielen Straßen
im trüben Morgenlicht herum, bis das Signal
uns aufstört aus dem Nichts, das wir besaßen –
Wir schleichen durch die Häuser katzenschmal.

Thiers und Herr Picard sind in der Luft die Helden,
sie blasen ab, als ganz besonderen Trick, Petroleum-Dünste.
Da hat selbst der Corot nichts mehr zu melden
mit der Verwolkung seiner Wasserfarbenkünste.

Doch dieser Stank von oben ist ein Dreck;
selbst Jules Favre liegt versteckt im dichten Rohr
der Wasserlilien, frißt sein Brot und rührt sich nicht vom Fleck,
blinzt ängstlich in die Höh und spitzt sein Ohr.

Die große Stadt hat immer heiße Pflastersteine,
doch eure Ölung heut von oben, die ist noch immer für die
Wir stehn vielleicht zulange schon auf einem Beine [Katz.
und machen jedem Affen freundlich Platz.

Wir müssen etwas tun für unsere Ehre,
damit es rundherum sogar die Hügel sehn,
wenn vor dem tollen Ansturm der Gewehre
im roten Schaum die Zweige auseinandergehn.

(Mai 1871)

## Verdammte Liebschaften

Den grünen Himmelsraum
fegt Tränenregen.
Laßt unterm Apfelbaum
euch niederlegen.

Im mondweißen Schein
auf silbernen Auen:
schlagt euch den Schädel ein,
verdammte Frauen.

Einst liebte ich Vieh
die schönste der Ziegen.
Ich schonte sie nie
und fing ihr auch Fliegen.

Da hat sie mich wunderlich dreist
»Dichter« gescholten.
Ich habe es ihr mit Küssen zumeist
fünffach vergolten.

Und einmal, da hab ich ganz toll,
in ihre weißen Brüste gebissen.
Sie floh ohne Groll:
meine Briefe aber hat sie zerrissen.

Manchmal da träum ich von ihr,
sie sah mich nie wieder
und hat jetzt ein anderes Tier
und kam von ihm nieder.

O du verfluchte Lust,
wie ich dich hasse!
Daß deine Brust
doch endlich der Ekel erfasse!

Gebt einen harten Tritt
wüsten Erinnerungen
oder tanzt noch ein Stückchen mit,
mit bitteren Zungen.

Schnell wird der Rücken krumm,
wenn man nicht stoppt zur Zeit.
Mancher bleibt ewig so dumm
und stirbt, ehe es schneit.

Daß ich auf eurem Bauch
auch einmal Verse geschrieben –:
Seht ihr das Wölkchen Rauch?
Nichts ist geblieben.

Unten in Afrika kann
ich mir den Nabel betrachten.
Und will da ein Weib mich zum Mann:
soll sie verschmachten.

Überall durch den Himmelsraum
summen die lästigen Fliegen.
Unter dem Kautschukbaum
will ich endlich alleine liegen.

## Der siebenjährige Dichter

(Für M. P. Demeny)

Die Mutter schloß das Tagebuch und Silbergeld
fest in den Schrank. Sie legte nebenan sich schlafen.
Ihr Sohn blieb wie auf einem Stoppelfeld
zurück mit Qualen, die wie Pfeile trafen.

Bei Tage war er ein gekuschter Hund;
nur auf der Stirn stand eine böse Falte
von Heuchelei. Zu lügen schien der Mund.
Schritt durch den dunklen Korridor die Alte,
nachflog ihr, zischend ausgestreckt
die Zunge und die Augen brannten phosphorn aufgesteckt.

Um Mitternacht nahm er die Lampe, schlug
auf windigem Balkon ein Zelt
aus Traumviolen auf, sah eine andere Welt
und lag im Fieber vor dem Selbstbetrug.

Fuhr aber Sommer mit Gewitterschwüle
durch die noch glühendere Zimmerluft –:
schloß er sich auf dem Abort ein. Der Duft
von Mist beschlug die Haut mit Kühle.

Und noch im Winter, wenn der Mond steilweiß
im Garten stand –: wie schön ließ es in einer
der Mauernischen sich vom Sommer, den noch keiner
gekostet hatte, Märchen dichten, bis vom Eis
die Zäune knarrten und der Strom vorm Tor
bis auf den schwarzen Grund zu Silber fror.

O brauner Tor! Die Spielgenossen waren
vom Nachbardorf die Kinder: Lumpenbrut
mit mageren Gesichtern und verlausten Haaren,
die Hände dreckig und mit Nasenblut
befleckt die Kleidung. Idioten gingen
nicht kopfverdrehter. Doch die Mutter sah es gern,
wenn diese Tollheit sich zum Herrn
erhob und sich ihr Sohn verfing in solchen Schlingen.

Das Mitleid, das ihn rührte: still zu sein,
nahm sie für Wohlbehagen. Und zum Schein
ging er auf diese liebe Lüge ein.
Mit sieben Jahren schrieb er schon Romane
von Afrika . . . sah Urwald und Prärie
und an den breiten Strömen Tropenvieh.
Aus alten Bildern schuf er sich Gestalten
spanischer Edelleute; lebte mit
den Römern du auf du und schritt
den Berg hinauf, wo wild die Räuberflinten knallten.

Fuhr dann in seine Träumerei die Kleine
von nebenan – sprang auf den Rücken ihm
der Wildling und verfing sich dort mit Ungestüm
in seinem Haarschopf –: packte er die Beine
von hinten fest und grub die weißen Zähne
in den Popo, der niemals Hosen trug.
Sie kratzte, fauchte, schrie und schlug
wie ein Reptil. Die Augen blieben ohne Träne.
Es war ein Pfänderspiel. Sie brachte Glück,
er Biß und Beulen in das Haus zurück.

Winters die Sonntagnachmittage in
dem Zimmer steif am Tisch vorm Bibelbuch –:
nicht auszuhalten war das. Denn sein Sinn
stand anderswo und nahm den Fluch
des Götzen Gott nicht ernst. Viel lieber waren
ihm die vom Ruß entmenschlichten Gesichter
der Grubenleute, die nach überstandenen Gefahren
sich recken und vom Schein der roten Lichter
in die Cafés sich locken lassen und ihr saures Geld
hingeben für ein Stündchen lustverdrehte Welt ...

Nachts quälen Alb und Fieberphantasien
den Knaben. Alle Dunkelheiten ziehn
ihn an, als wäre er besessen von Beelzebub.
... Und sind die Jalousien herabgerollt,
wird der Roman, in den er sich bei Tag vergrub,
lebendig wieder, wird zum Trunkenbold,
durch einen Himmel blutrot aufgegangen,
das höher zuckende Herz. Trinkt Übersinnlichkeit
und stürmt durch Erden ohne Raum und Zeit,
wo auf den Sternenstrom Äonen überhangen ...
Indes die Stadt, zu Nebelrauch verschäumt
und wie von weißen Schleiern eingesäumt,
dem Tröster Mond entgegenträumt.

(25. Mai 1871)

## Arme Leute in der Kirche

Der wurmzerfressenen Bänke glattes Braun
und schlechte Luft quetscht sie zu Haufen
Gelump zusammen, bis die Augen überlaufen
und nach der Orgel wie in grelle Sonne schaun.

Es heult aus zwanzig Kehlen eine Litanei
im Säuferbaß und hellen Vogelstimmen.
Doch aus dem Mißklang in ein Höherschwimmen
schreit ein Gebet zu Gott und Kaiser: Macht uns frei!

Die Weiber aber strecken sich behäbig breit:
von harten Arbeitstagen eine Stunde
unangefochten auszuruhn. Die breiten Munde
sind zahnblank und zermahlen Seligkeit.

Doch wenn sie nebenan mit schnellem Blick
ein junges Ding im Federhut gewahren:
juckt es in ihren Fingern, von den blonden Haaren
den Putz zu reißen, Krallen ins Genick.

O schöne Stunde in Gesprächen nur mit sich –:
denn nachher Hunger, Frost und das Krakeelen
besoffner Eheherrn! Und in der Suppe fehlen
die Stücke Fleisch. Das Brot ist ohne Butterstrich.

Da beten auch die Tölpel noch,
die das Gelächter sind der Kinder auf den Gassen.
Und Blinde, die sich von den Hunden führen lassen,
schaun in das Buch, wie in ein angeglänztes Wasserloch.

Von falscher Gläubigkeit betäubt, schamlos
umtanzen sie den bleichen Welt-Erlöser
am Kreuzstamm, der mit jedem Sonntag böser
herabsieht auf den unverbundenen Lanzenstoß.

Das viele Blut des Heils fließt nutzlos aus.
Die Menschen sind noch wie vor tausend Jahren
zerbeult von Lastern. Wenn sie in die Grube fahren,
sind sie zum Fraß der Würmer erst zuhaus.

Manchmal kommt etwas Sonne durch und scheint
auf eine Hand, die sich in Jesu Namen
herabbeugt adeligen Damen
und einen Mund fühlt, der nach innen weint.

(1871)

## Mein armes Herz speit Galle auf den Dreck . . .

Mein armes Herz speit Galle auf den Dreck,
mein Herz von Tabak bitterschwarz gebeizt.
Die Schiffer tanzen um den Mast am Heck,
als hätte Rum die Schädel überheizt.
Mein armes Herz speit Galle auf den Dreck,
mein Herz von Tabak bitterschwarz gebeizt,
es schmeißt dem Kapitän ins Maul den Dreck
und wird noch mehr gereizt.

Unzüchtig und barbarenhaft grölt die Musik;
die Witze machen mich zum Schwein
in dieser freien Wasserrepublik:
mein armes Herz kann nur »Herr Jesus« schrein.
Unzüchtig und barbarenhaft grölt die Musik,
und unten starrt das Meer wie schwarzer Stein,
der schwarze von Mosambik
und wäscht mich Schwein nicht rein.

Wenn ihre Mäuler endlich stille stehn,
mein armes Herz, was tust du dann?
Es sind nur Leichen auf dem Deck zu sehn,
und der verdammte Kapitän liegt obenan.
Wenn ihre Mäuler endlich stille stehn
und die Musik nicht mehr verludert grölen kann,
ist weit und breit kein Land zu sehn.
Mein armes Herz, was tust du dann?

(Mai 1871)

## Paris, ja, du!

Schon hier, Angsthasen ihr? Vom Train ans Land gespuckt!
Die Straßen dampfen Glutorkane, wo das Heer
der Hunnen: »Hurra!« schrie. Jetzt sind sie leer
von ihrem Dreck. O, Stadt, nicht mehr so hündisch hingeduckt.

O ihr – hinein ins Herz der Welt. Das Tor klafft breit.
Da glänzt der Strom. Die Promenade laubgefleckt.
Und Häuser weiß am blauen Strand gestreckt.
Holunderduft im Wind. Ihr seid befreit!

Reißt ab den Lügenflor. Dreht euch im Kreis.
Bäumt hoch die Stirne. Wolkenblitz im Blick.
Aus Kellern dämmert Golgatha-Geschick.
Die Weiber aber schlagen Schenkel auf, so seiden weiß,

packt sie mit Stacheln ins Genick und beißt
euch fest in ihrer Brüste geiles Fleisch,
bis von dem überkippten Lustgekreisch
der Vorhang einer Jungfrau noch zerreißt.

Und plündert, dolcht! Sauft leer die Kellerei
mit stierem Blick: empor das Glas ins Licht ...!
Das ist nicht euer rotes Bocksgesicht,
das von den Himmeln niederschlägt zu Brei.

Der Göttin mit dem blanken Bauch zum Spott:
Sauft leer die Kellerei. Kotzt wieder aus
das Rattengift und orgelt durch das Hurenhaus
den Ringelreihen vom geschundenen Gott.

Das Herz zerblattert und im Maul die Pest –:
Verdaut die Nacht. Sauft neuen Wein.
Ihr wollt nicht Säue, wollt nicht Büffel sein?
Der Bauch tritt aus, ein rosa Reihernest.

Es raucht um eure Nasen der Gestank von Kot.
Entartet das Geschlecht; die Hände zittern kalt –:
Der Dichter ballt die Faust: ihr seid nicht alt
und ausgeliefert schon dem Henkertod.

Ihr seid nicht schuld, daß Syphilis den Schoß
der Huren enger macht. Daß vor dem Bett
der Pfaffe steht und hinter ihm das klapprige Skelett.
Von solchen Kindern wird kein drittes groß.

Zum Teufel: Mörder, Vagabunden, ihr
Zuhälter, Luesbonzen, halb zerhackt –:

was geht Paris der Dirnen schlechter Akt,
was euer Siechtum an, gefahren in ein Tier?

Schreit auf! Durch eure Schädel dröhn Gefurz.
Das Gold, das ihr zurückverlangt, legt sich
als Fett um eines Weibes Brust. Der Stich
des Messers ging um einen Zoll zu kurz.

Paris, wenn deine Flanken weiß umschäumt
von Geifer sind, das Herz voll Messer steckt
und Beelzebub die Krallen nach dir streckt –:
wie sich dein Auge überlaubt von Güte bäumt.

Zerquälte Stadt, mit schwarzen Fahnen überall
beblüht, und deine Fruchtbarkeit ins Morgenrot
gedehnt, durch alle Türen trotzend dem Despoten:
Gebenedeite du, in Schwindeln über dem Verfall!

Magnetisiert den Leib für neues Leid.
Du kamst hindurch, noch bleich vom Giftgemisch.
Narkose: springt schon wieder wie ein Fisch
ins Wasser. Nein, in Sümpfe Übelkeit.

Warum auch nicht? Dein Biß zermahlt den Wurm,
und torlos klafft die weite Götterwelt.
Posaunen schmettern ein Hallelujah vom Turm,
an dem der Riese Goliath zerschellt.

Verdammt: dies Wiedersehn! Die Stadt verhurt.
Im Blumenbeet ein Aas. Gestank im Strom . . .
Du aber bist mein hochgebauter Dom –:
Paris! Marias heilige Erstgeburt.

(Mai 1871)

## Deine Hände, Jeanne-Marie

Jeanne-Marie hat Männerhände,
braun von Sonne, Frost und Wind.
Jeanne-Marie wirft Feuerbrände
in mein Herz und will ein Kind.

Jeanne-Marie von wieviel Toten
klebt an deinen Händen Blut?
Jeanne-Marie wer wusch die roten
Hände wieder rein und gut.

Tranken sie die grünen Drogen
Afrikas im Niggerzelt?
Haben sie so süß gelogen
Kuß um Kuß für blankes Geld?

Zu den Füßen der Madonnen
lagen sie noch wie als Braut.
Heißes Blut von Belladonnen
gärt durch die gespannte Haut.

Niemand sah sie Beeren pflücken,
nie verloren durch ein Kornfeld gehn.
Aber vor dem Mann auf Krücken
bleiben sie erschrocken stehn.

Nein so hart sind nicht die Hände,
daß ein Armer unbeschenkt
weitergeht und im Gewühl der Wände
an den roten Tag der Rache denkt.

Diese Hände, die nur leise locken,
wie man Schlangen tanzbetört,
bis die Pulse plötzlich stocken
und der Tod den Schrei erhört.

Eisenfäuste von Matrosen
pressen sich in ihr Geflecht;
manchmal fuhren sie durch Hosen
und entblößten das Geschlecht.

Welcher Macht sind sie verfallen?
Welcher Dämon peinigt sie,
daß sie oft wie Trunkne lallen
ohne Halt im Zitterknie.

Diese Hände, o ihr Frauen,
wenn sie euch das Herz verwirren –:
ewig wird ein eisig Grauen
eure Nächte überklirren.

Stärker als Gewalt der Pferde
tobt der Muskel tolles Spiel.
Ist kein Mann auf dieser Erde,
dem die Tollwut nicht gefiel.

Dieser Hände Liebeslieder
machen auch den Ruhigsten noch toll.
Pfaffen knien vor ihnen nieder
und sind süßen Weines voll.

In den Fahnen der Barbaren
sind sie Schild und Feldgeschrei,
haben alle Meere schon befahren . . .
und ich Dummkopf gab sie frei?

Deine Hände, die ich so besessen
habe wie mein heißes Eigentum
und in einer Nacht vergessen
für den armen Fetzen Ruhm?

Die ich aus den Leichensteinen
kratzen möchte, Jeanne-Marie,
wenn sie jetzt so leise weinen,
deine Hände, Jeanne-Marie!

Wann wohl werden sie mich so beglücken,
deine Hände, Jeanne-Marie,
wann mich armen Wurm zerdrücken
deine Hände, Jeanne-Marie?

## Der Knabe und die Schwester

Sieh, seine Augen leuchten bernsteinbraun:
ein Knabe noch und wie ein Mann schon anzusehn!
Wenn die Gestirne sein Gesicht betaun,
kein Mädchen kann daran vorübergehn.

In seiner schmalen Glieder Anmut gärt
die langverhaltene Gier nach einer Frau,

was er von ihr im Traum erfährt,
ist wie ein Schleier noch im Märzenblau.

Die Welt hat sich bislang nur mit Verdruß
um ihn herumgebaut; jetzt hadert er mit ihr
und wartet auf des Lebens großen Schluß
wie all die andern hier in dem Revier.

Die Schwester fühlt es, die ihn hegt und pflegt,
ihr weißer Leib ist Gott allein geweiht,
wenn sie dem Knaben die Verbände legt,
verspürt sie einen Hauch von Zärtlichkeit.

Ihr Blut hat heiße Augen, keine Maske kann
verhüllen, was an ihrem Herzen reißt;
wie jeder Mann die Frau, will sie den Mann,
den Erdenmann und nicht den heilgen Geist.

Jetzt ist die Nacht, wo einer von euch beiden sich
entscheiden muß für die Erfüllung seines Ichs,
jetzt ist die Nacht, wo jedes Du und Ich
zusammenfließt zu dem Unendlich oder Nichts.

Wenn das Gefühl in dieser Frau zurückgerinnt
ins Nonnentum, dann Knabe, wehe dir!
Dann streichst du durch das Leben wie ein Tier
und nimmst, was er dir bringt, der Sommerwind.

Du nimmst es hin nur einen Augenblick gestillt
und bohrst dich wie ein Wurm in faules Fleisch hinein,
in deinem Herzen unvergänglich bleibt das Bild,
der einen, siehst sie nur im Heiligenschein.

Es ist kein Gott, der dich von diesem Krüppeltum
erlösen kann, auch das Gedicht nicht, das du schreibst,
den Huren gleich ist jeder Ruhm,
selbst wenn du dich für ihn an jedem Baum entleibst.

In deiner Seele haben nur die Schwären Raum,
und ihre Schmerzen spannen dich so weit,
als gäbe es auf dieser Welt nur Leidenszeit
und erste, letzte Liebe nur im Traum.

(Juni 1871)

## Die Vokale

A: schwarz, E: weiß, I: rot, Ü: grün, O: blau –: Vokale,
ich bin schon eurer dunklen Herkunft auf der Spur.
A: schwarzer Panzerglanz der Fliegen, vom Azur
herab im Sturz zum Aas der Gräbermale.

E: helles Wüstenzelt aus Gletscherwellen
auf Edelweiß und Winterhermelin.
I: Blutsturz, Lippen röter als Karmin,
und letzter Aufschrei in den Mörderzellen.

Ü: grüne Wiese, Seetang auf den Meeren,
der Friede satter Herden und die Ruh
uralter Weisen aus den Morgenländern.

O: Orgelton bis zu den Wolkenrändern,
befreit von allen Erdenschweren.
Omega: blaues Kinderauge, du!

## Sternlegenden in deinen Ohren

Sternlegenden weinten durch die Rosenmuscheln deiner Ohren.
Das Meer beschlug den hohen Küstenstreifen deiner Schenkel –
hat sein weißes Herz an die Korallenspitzen deiner Brüste ver-
[loren;
starb dahin und trieb durch die Sucht deines Blutes – tausend
[Enkel.

## Der gerechte Mensch

(Fragment)

Da steht auf sicheren Beinen der gerechte Mensch und hebt
die freie Stirn so stolz ins Licht empor.
Und ich verdammter Tor steh stumm davor
und fühle, wie mein Herz in Qual und Niedrigkeit erbebt.

Nein ... nicht erbebt! Es lacht mit bittrer Ironie
dich hochgemutes Menschenwunder aus: wie du
so dastehst, Monument erhabener Ruh
im Wirbel dieser Welt und alles beugt die Knie

vor dir, der du den Sternen dich benachbart fühlst und Gottes
erkannt hast mit der Engelschar im Bruderbund ... [Spur
Du stehst noch aufrecht, wenn die graue Steinfigur
längst hingekracht ist in das Trümmerfeld der Nacht ...
[du Hund,

der feierlichen Auges, Sterne und den Mond anbellt ... du
[Oberhaupt
der Ordnungsgötter... du Tyrann am Abendtisch ...
geblähte Faust der Stadt ... ich habe an dich Flederwisch
als Kind nicht mehr geglaubt ... Und doch bist du noch nicht
[verstaubt?

Ja, spreize dich im Riesenausmaß deines Ichs ... Ich will
dir noch die Arme stützen, will der Lüge Heiligkeit,
die dich ernährt, verhundertfachen, bis im Urwald der Mandrill
dich noch erkennt und sich nach deiner Gnade heiser schreit...

Ja, so bist du der gotterhabene Gerechte ... und wirfst mich
zurück auf meinen Ursprung ... Sieh: jetzt bin ich frei [Tier
von der verfluchten Nabelschnur der Welt ... Jetzt spei
ich deine Feigheit an ... Wann hat auf Erden dir

je eine Lust so wild gefallen, daß du aus der Haut
gefahren bist und weit hinein in sie?
Vor dir sind Sokrates und Gottes Sohn nur dummes Vieh.
Aus deinem Blut wird dieser Welt die Ewigkeit gebaut.

Du gottgerechter Mensch –: wenn meine Faust dir nicht genügt:
ich schrei das schwarze Elend dieser Erde noch herzu,
das Krüppelheer, die Aussatzschar und jeden Mord, den du
in uns entzündet hast –: »Seht da die Stirne, wie sie lügt,

wenn sie voll Hochmut sich ins Sternmeer reckt!«
Ein Blitz von Mitternacht: und das Gespenst wird grauer Staub.
Aus Tempeltrümmern hebt sich lichtgefleckt
der Baum der Demut und verstreut auf uns sein Laub.

(Juli 1871)

## Die erste Kommunion

Der Kirche primitiver Hallenbau
mit Bänken blankgewetzt und wurmzerfressen;
denn wieviel Jahre hier hat schon das Volk gesessen
die Augen auferhoben zu der Gnadenfrau:
heut von dem Feld den Regen abzuwenden,
die Dürre morgen und die Ernte nie zu enden.

Die Säulen bröckeln, und verbrüdert rinnt
der Staub zurück zum Schoß der Ackerschollen,
die das Getreide nähren, über Särge rollen
und zu den Wiesen wo der Fluß beginnt,
den Schlehdorn mit Schmarotzermassen
bewuchern und sein Vogelherz verhungern lassen.

Der graue Stein wird alle Jubeljahr
einmal gefegt, die riesgen Seitenwände
tüncht Buttermilch, und Greisenhände
entfernen von dem Altarbild mit hartem Bürstenhaar
den Fliegenschmutz, die Spinngewebe in den Ecken,
und eine Unfruchtbare spendet neue Altardecken.

Und wenn der Herr Pfarrer ruft, jetzt Gras
und Wegerich im Treppenhaus zu jäten:
sie haben keine Zeit. Sie bücken sich mit den Geräten
im Rübenfeld, sie müssen ernten helfen;
der Schwarze wird bezahlt, laß ihn sich heiser belfen.

II
Die erste Kommunion, das erste weiße Kleid
und Schleckerei von Torten, Lämmerbraten,
dazu die Heiligenbilder, die von weit und breit
die Tanten stiften und die Paten,
um aufbewahrt zu werden für das lange Leben,
als ewige Erinnerung hinter Glas gegeben.

Die kleinen Mädchen wohlgefallen sich
im Putz der langen Röcke, halberwachsene Jungen
beschielen schon die Brüste, lachen ungezwungen:
Bald, kleiner weißer Vogel, hab ich dich!

Die Väter halten sich mit Würde zu den Söhnen
und spenden Wein, daß sie sich dran gewöhnen.

Es wählt der Herr Pfarrer den frommen Kinderseelen
den Spruch vom Seligsein der geistig Armen,
allein nur ihrer wird sich Gott erbarmen.
Die Mütter husten aus den trocknen Kehlen
verbranntes Blut und grünen Eiter,
und draußen scheint ein Tag so mild und sonnenheiter.

Noch ist des Fleisches Lust nicht der Bezwinger,
da nach dem Gottesdienst beginnt der Schmaus,
noch schließen um den Rosenkranz sich die verspielten Finger,
wenn wieder Nacht und Stille ist im Elternhaus.
Die graue Schlange aber geistert schon im Apfelgarten,
Adam und Eva freundlich aufzuwarten.

III
Am Abend nach dem Fest erkrankte jäh ein Kind,
das Blut vom Fieberwahn durchschauert,
die Stirne heiß und wie von Eis ummauert
und in den Augen alles grau und blind.

Mit trocknen Lippen rief es alle Heiligen herbei,
die es aus all den bunten Bildern kannte
und ohne Scheu geschwisterlich mit Namen nannte,
wie tags die Katze, Hund und Papagei.

Es kam auch Gott zu ihr, der alte bärtge Mann,
und hat das Haar ihr glatt gestrichen
und ist vom Lager erst gewichen,
als mit Gedröhn und Blitz der neue Tag begann.

Für ihres Leibes Reinheit alle Zeit
erflehte sie den Beistand jener Schmerzensreichen,
vor der die reinen Lilien noch erbleichen;
sie kam und segnete die Seele und das Erdenkleid.

IV
So ging ein Jahr dahin, so kam das zweite her,
der Märzwind zerrte an den Bäumen.
Kein Kind mehr, schon ein Mädchen lag in Träumen
und fühlte ihren Leib wie Stein so hart und schwer.

Und fühlte ihren Leib so weiß und glühendheiß,
als läge er inmitten roter Feuerflammen.
Da nahm sie ihre letzte Kraft zusammen
und schlug mit Ruten aus dem jungen Birkenreis

sich rote Fetzen Haut von dem besessnen Leib
und drosselte die Schreie mit dem Federkissen.
Der Böse selber aber wollte wissen
den Übergang vom Mädchentum zum Weib;

brach durch das Fenster ein mit hellem Schein
und riß der Fiebernden das Schamtuch von den Lenden.
Jetzt wußte sie, wo alle Lüste enden,
gab nach und ließ das Einhorn zu sich ein.

V

Nach dieser Nacht und einer siebenten, schlug sie
von einem Alp erlöst die Augen auf. Am Fenster spielten
silberne Fische und die Pflaumenbäume schielten
mit nassem Laub herein . . . Vom Glockenturm die Eule schrie.

Sie sah sich angsthaft um im Raum
und fühlte ihre Brüste an, den Schoß, das Linnen,
es war kein fremder Hauch im Zimmer drinnen,
was sie erfahren hatte, war nur Traum.

Das selige Gefühl: von Gott zu seiner reinen Braut
geweiht zu werden, machte ihre Augen wieder glänzen,
sie sah sich schon im Schleier mit den Myrtenkränzen
vor dem Altar im Dom, aus Säulen hocherbaut.

VI

Das Jahr rann hin, der Tag stand schon bevor,
im Leib das Klopfen war nicht auszuhalten,
ein Schwindel faßte sie, mit klebrig-kalten
Froschfingern krochs zu ihrer Brust empor.

Sie schwankte in den Hof hinaus,
der Regen nicht, die Wehen ließen ihre Haut erschauern;
es war kein Licht mehr wach im Haus,
schwarz von vier Seiten nichts als Mauern.

Sie mußte auf dem Abort, eingeschlossen,
zubringen diese Nacht der Mutterschaft:
der Regen kam in Strömen durch das Dach geflossen
und nahm ihr oft die aufgebrachte Kraft.

Im Morgengrauen war es dann vorbei,
das Wimmern und Geweine,
der Schoß geschlossen und das Blut gestillt,
nur in dem Herzen drinnen nicht der Schrei.
Die Tür warf auf die blanken Steine
von einem Kinderherzen blaß ein Schattenbild.

VII
Ihr Würfler um ein Abendglück bei einem Weib,
ahnt ihr die namenlose Bitterkeit
in diesem gottgeweihten Leib,
um den der Tod jetzt mit Geschwür und Eiter freit?

Könnt ihr es fühlen, was das heißt,
wenn nach dem Schauer einer Liebesnacht
die alte Wunde wieder auf das Ärgste reißt,
weil kein Geliebter sie zum Weibe macht.

VIII
Ich ließ dich sterben, ja! Gift war mein Kuß,
ich fraß dein Herz, ich fraß dir alles, was du hast.
Ich bin verflucht, zu den Verfluchten laßt
mich niedersteigen und mich ausruhn tief im Fluß.

Die Reinheit, die ich wollte, hat mich angespien,
schwarz werden Zahn und Zunge mir im Mund.
Ich war so jung, du lagst auf Bettlerknien
vor meinem Schoß und zwangst mich zu dem Bund,

den Gott, ja welcher? segnet und verflucht.
Nie wieder gehen Kinder zu mir ein,
selbst wenn der Herrgott bei mir Einlaß sucht
und hundert Heilige noch hinterdrein.

Nie wieder spricht das Sakrament mich frei.
O hätte mich dein Kuß doch nie befleckt,
mein Leib sich nicht dem deinen hingestreckt!
Wollust ist einzig jetzt mein Schrei.

IX

Nun fühlt die arme Seele, daß dein Born,
o Gnadenfrau, mit Höllenpein sie tränkt und Tod.
Nach einem kurzen Glück im Morgenrot
beginnt, was war, nie mehr von vorn.

Macht grau und alt mit jedem neuen Tag,
und Du, am Kreuz, sprichst nicht ein Wort,
als wär die Zunge Dir verdorrt,
seitdem ich, Dir geweiht, bei einem Sünder lag.

Seitdem ich, Dir geweiht, mein Recht verlor
durch Kinder einzugehn in die Unendlichkeit.
Bald werd ich abgehauen wie das Rohr
und hingestaubt jenseits von Raum und Zeit.

(Juli 1871)

## Die Läusesucherinnen

Mondschwüle quält den schlafbetäubten Knaben,
von seinen Schläfen tropft es silberkühl,
da nahen sich die Schwestern dem zerwühlten Pfühl,
die Finger in des Schläfers Haar zu graben.

Sie zerren ihn zum Fenster hin und biegen
die weiße Stirn herab wie einen Ulmenast,
auf daß sich ihrer Finger angespannte Hast
hinunterbohre, daß die Haare fliegen.

Der Knabe horcht erschrocken, wie das Klopfen
der Pulse seinen Schwestern fast den Atem nimmt;
ihm ist, als poltern große heiße Tropfen
auf seinen Hals, der wie ein Korken oben schwimmt.

Es glüht der Mond in einem rosenroten Flore,
indes die Fingerspitzen immer tiefer sich
in seinen Schopf wie Disteldornen bohren,
und Blut erbricht jedweder Stich.

Und plötzlich glühts von Küssen auf den Wangen,
und ihre Bisse schmerzen ihn. So faucht kein Katzentier.
Und was er ahnte, das ist jetzt Verlangen
und Schrei der ersten aufgestörten Gier.

## Das trunkene Schiff

Die reißenden Flüsse kam ich heruntergeschossen,
da schleifte kein Schiffsknecht das Zugseil mehr;
von den roten Barbaren an Pfähle geschlossen,
lebendige Scheiben für Beilwurf und Speer –:

so froren sie Wasser und Blut in den tropischen Dünsten
des Urwalds und riefen die Mütter herzu.
Ich aber übte mich abseits in Pfadfinderkünsten
und stand mit den Weibern und Götzen auf Du.

Ich pfiff auf die mühsam geborgene Ladung und Last,
flämisches Korn und britische Wolle,
zerschnitt den Gefangenen die Fesseln aus Bast
und stieß mich schnell ab von der armseligen Scholle.

Ich ließ mich zehn Nächte lang willenlos hetzen,
vom grünen Gebrüll der Wogen umknallt.
Rasend vorübergedrehte Inselfetzen
kochten die Brandung herauf zu Lawinen geballt.

So ward ich vom Schicksal zum Seemann erhoben
und tanzte mit trotzigem Kinn
auf dem blauen Gestank wie ein Pfropfen dahin.
Und die Wolken trieben im Wasser kieloben.

Das Wasser zerfraß bald die Fugen der Planken.
Eine gallige Säure umspülte die Ruderbank,
zerfetzte die Segel, die bleischwer versanken
und wusch mein bekotztes Quartier wieder blank.

Ich ließ mich umbrausen vom Hymnus der Wogen,
wo jäh aus der Tiefe heraufschoß korallener Kamm.

Ich habe dem Tau der Smaragde mich hingebogen,
bis auf dem Glitzern der düstere Schatten Ertrunkener
[schwamm.

Ich war auch: wo Lotos, wo Wind-Violinen,
Zwielicht und Mittagsspuk, Nachtviolett,
vom bitteren Scharlach der Liebe beschienen,
berauschender wirkten als Gottes Bacchantenterzett.

Ich sah, wie die Blizzards den Himmel zerfetzten,
sah trichternde Wirbel und der Walfische Spur,
Aufbruch von Schlachten und alle gehetzten
Verbrechen, die vor mir noch niemand erfuhr.

Ich sah eine Glut aus dem fieberverbrannten
Sonnenlicht schießen wie purpurner Teer.
Ich sah, wie bei den großen Komödianten
antiker Theater, ein tragisches Faltenspiel auf dem Meer.

Ich träumte von einer Schneenacht, die aus eisgrünen Zweigen
kußtolles Geziefer ins Wolkenbett warf.
Ich sah einen Krater aus Tiermäulern steigen,
und phosphorne Zähne erblitzten wie Schwertspitzen scharf.

Monat um Monat erfuhr ich das Toben
hysterischer Brünste, um Felsen gezischt,
sah Küsten, die strotzend zum Fixstern erhoben,
plötzlich sich krümmten im Rachen der Gischt.

Ich schlug mich durch Länder, die jungfräuliche Erde waren,
wo Blumen wie Panther mich wütend bespien,
wo Menschenfresser sich bunt um Blutfeuer scharen
und unter dem Wasser die moosgrünen Haie ziehn.

Sümpfe voll schorfiger Schleime mußt ich durchstelzen;
die Blutgier der Vipern durchstach meine Haut.
Bronzene Himmel sah ich in Schwefeldampf schmelzen
und Eisberge stürzen, von hungrigen Wogen zerkaut.

Sonnen, die Quecksilberkugeln glichen,
beschienen gespenstische Holländerwracks.
Schlangen, gepeinigt von Ameisenstichen,
flossen von mystischen Bäumen wie Wachs.

Manchesmal lockten mich Blumen: durch Feuer von Farben zu
köstliche Narden versprühten die Wolken von West. [baden,
Fische zogen wie Perlen auf silbernen Pfaden.
Des Todes weiße Leichenhaut stieg aus dem Seestern-Nest.

Oft scholl, aus dem Schwall her, mich süß zu verführen,
ein Rauschen wie Orgelmusik und Kastratengesänge.
Ich aber verschloß meines Herzens kindliche Türen
und verfluchte die heimlichen Tränenbehänge.

Ich schwamm wie ein Riff, war furchtbar zerfressen
von blondäugiger Möwen Gezank und Gestank.
Ich schwankte nicht einmal, wenn dunkel besessen
ein Leichnam mir jäh in die Arme sank.

Verknüpft mit dem Schlinggras der Fluten,
schwoll Leere zum Gitter, das fest mich umschloß.
Nie kam da ein Schiff: mein Herz zu vermuten,
mein Herz auf dem seetollen Floß.

Wie Psalmen von purpurnem Weihrauch umwittert,
stieg ich empor in den Blauschein der Bucht,
wo heftig, aus prasselnder Lohe gewittert,
ein Flechtenbusch aufbrach mit giftiger Frucht.

Elektrische Monde durchritten die goldnen Oasen,
auf Seepferde eisern geschnallt,
wenn unter der Glutdolche Rasen
den Himmel hinabzog magnetischer Spalt.

Ich habe mit furchtlos gebogenen Brauen
Himmel und Höllen zerschnitten da vorn auf dem Bug.
Aber manchmal träumte ich schwer von den grauen
verwitterten Mauern der Kindheit und wie man mich schlug.

Ich habe gigantischem Neuland den Namen gegeben,
ich stieß den tyrannischen Bullen des Urwalds vom Thron
und weiß nicht, mit welchem Jahrtausend ein Sohn
mir heraufwächst und fortsetzt mein Leben.

Es haben die Mütter uns viel zu klein
in dieses Leben hinausgeboren.

Wir hören Gesänge der Sterne und Stimmen im Stein
nur halb mit den zwergichten Ohren.

Das tiefste Geheimnis der Zeugung ist mir
verschlossen geblieben. Und bin doch wahrhaftig nicht prüde
[gewesen –
Doch wenn du dereinst von mir in Büchern wirst lesen:
denk an das ärmlichste Tier . . .

Im Grunde ist nichts zu beklagen. Die schwarzen Gewitter
der Schöpfung umkreisen noch immer uns, ewige Wander-
Mein Leben war Lustrausch. Nun donnre in Splitter, [schaft.
mein Schiff und mein Schädel, draus Sterbemut klafft.

Seit Fieber der Sehnsucht die Wege mir bahnen,
was soll da noch Ladung und Last?
Ich hasse den Popanz der Fürsten und Fahnen,
und die steinernen Brücken erdrücken mich fast.

Es gibt in Europa nur eines noch, das mich erschüttert:
der Tümpel, auf dem in der Abendglut
ein Knabe mit seinem Schiffchen herumspielt und frohgemut
den Hunger vergißt und die Fischkinder füttert . . .

# Die Einöden der Liebe

(Fragment)

## *Ankündigung*

Diese Schreibereien sind von einem jungen, blutjungen Mann, dessen Leben sich abgespielt hat, gleichgültig wo; mutterlos, heimatlos, ohne Kummer um alles Bekannte, jede moralische Stärkung fliehend, wie schon mehr bejammernswerte junge Männer zuvor. Aber er, so überdrüssig und aufgewühlt, daß er sich immer nur dem Tod entgegenschleppte wie einer schrecklichen und unheilvollen Scham. Da er keine Frauen geliebt hatte – obgleich voll Blut–, hatten seine Seele und sein Herz, seine ganze Kraft sich in seltsame traurige Irrtümer verstiegen. Folgende Träume – seine Liebeserlebnisse –, die ihm kamen in seinen Betten oder in den Straßen und, in ihrer Folge und zu ihrem Ausgang, sanfte religiöse Betrachtungen lösen vielleicht sich los. Wird man sich des ununterbrochenen Schlafs der Mohammedaner in der Legende erinnern –. Tapfere doch und Rechtgläubige! Aber da solch wunderliches Leiden eine beunruhigende Macht besitzt, muß man aufrichtig wünschen, daß diese Seele, in der Irre gehend zwischen uns allen, und die den Tod will, wie es scheint, in diesem Augenblick ernste Tröstungen finde und daß sie würdig sei.

## I

Diesmal ist es die Frau, die ich in der Stadt gesehen und mit der ich gesprochen habe, die mit mir spricht. Ich war in einem Zimmer ohne Licht. Man kam und sagte mir, sie wäre da: und ich sah sie in meinem Bett, ganz mein, ohne Licht! Ich war sehr bewegt und grade weil es das Elternhaus war: und so ergriff mich eine Herzensangst. Ich war in zerrissenen Kleidern, ich; und die Weltdame, die sich hingab, sie mußte gehen! Eine namenlose Herzensangst: ich nahm sie und ließ sie fallen vor dem Bett, fast nackend; in meiner unsagbaren Schwäche fiel ich auf sie und wälzte mich mit ihr auf dem Teppich, ohne Licht.

Die Lampe der Eltern erhellte mit rotem Schein nacheinander die benachbarten Stuben. Da verschwand die Frau. Ich vergoß mehr Tränen, als Gott je hätte verlangen können.

Ich ging aus in die Stadt ohne Ende. O Ermüdung! Ertränkt

in der tauben Nacht und in der Flucht des Glücks. Es war wie eine Winternacht, mit einem Schnee, bestimmt die Welt zu ersticken. Die verstellte Antwort. Ich war vor den Schaufenstern, dort, wo sie hingeht jeden Abend: ich lief in einen verschneiten Garten. Man hat mich zurückgestoßen. Ich weinte ungeheuer über alles das. Schließlich hab ich mich verkrochen. In einem Winkel voll Staub und, sitzend auf Gebälk, habe ich alle Tränen meines Lebens zu Ende fließen lassen mit dieser Nacht. Und meine Erschöpfung kam mir doch immer wieder.

Ich habe begriffen, daß sie im gewohnten Gang ihres Lebens war und daß das gütige Schelmstück länger währen würde, sich zu erneuern, als ein Stern. Sie ist nicht wiedergekehrt und wird nicht wiederkehren, die Anbetungswürdige, die zu mir gekommen war – was ich mir nie eingebildet hätte. Wahrhaftig, diesmal habe ich mehr geweint als alle Kinder auf der Welt.

II

Es ist sicherlich dieselbe ländliche Gegend. Dasselbe ländliche Haus meiner Eltern: der Saal sogar, wo über den Türen fuchsige Schäfereien mit Wappen und Löwen sind. Zum Speisen ist da ein Saal mit Kerzen und Weinen und altem Holzgetäfel. Der Eßtisch ist sehr groß. Die Mägde! Es waren mehrere, soweit ich mich dessen entsonnen habe. – Einer meiner ehemaligen jungen Freunde war da, Priester und in Priesterkleidung: jetzt: war er da, um freier zu sein. Ich erinnere mich seines Purpurzimmers mit Fensterscheiben aus gelbem Papier und seiner Bücher, der versteckten, die im Ozean naß geworden waren.

Ich, ich war verlassen in diesem Landhaus ohne Ende: ich las in der Küche, trocknete die Spritzer meiner Kleider in Gegenwart der Gäste bei den Unterhaltungen im Salon, bis zu Tode gerührt vom Gemurmel der Milch am Morgen und von der Nacht des vorigen Jahrhunderts.

Ich war in einem ganz finsteren Zimmer: was tat ich? Eine Magd lag neben mir: ich kann sagen, es war ein kleiner Hund: obgleich sie schön war und von einer mütterlichen Vornehmheit, die ich nicht auszudrücken weiß; rein, bekannt, ganz reizend! Sie kniff mich in den Arm.

Ich erinnere mich nicht einmal recht an ihr Gesicht: nicht, daß ich mich ihres Armes erinnerte, dessen Haut ich zwischen meinen zwei Fingern rollte, oder ihres Mundes, den der meinige ergriff wie eine kleine verzweifelte Woge, die ohne Ende etwas unterwühlt. Ich warf sie in einen Korb mit Kissen und Segeltuch, in einen dunklen Winkel. Ich erinnere mich nur noch an ihre Hose mit weißen Spitzen.

Dann, o Verzweiflung, ward die Wand unbestimmt zum Schatten von Bäumen, und ich versank in die verliebte Traurigkeit der Nacht.

# Neue Gedichte und Lieder

## Tränen

Weitab von Dorfgemeinschaft, Mensch und Tier,
so tief im Heidekraut
und von Gesträuch verbaut,
daß kaum der Himmel über mir
zu sehen war –: was hatte ich denn nur getrunken,
und Gott weiß, wo hinaus war ich gesunken?

Was konnte sich mir wie geweihter Wein
ausschenken fern von einem Haus,
an diesem Fluß mit Rüstern krumm und kraus,
in diesem nebelnassen Wolkenschein,
als Schweiß der Stirn und kühles Einsamsein?

Ich saß verloren wie in einem Heidekrug
und sprach an Gott vorbei,
indes der Wind das Gras mit Regen schlug
und mit dem letzten Vogelschrei
auf einer Erde, die nur Schatten trug,
mein Herz verfinsterte zu fahlem Blei.

(Mai 1872)

## Treuloser Fluß

Der rote Fluß wird immer breiter im Enteilen
und stößt das Tal ins graue Nichts zurück.
Gekrächz der Raben nur und schwarze Zeilen
von Weiden halten eine Weile noch das Glück
am kargen Zipfel, bis der Nebel jede Sicht
verwischt und Mauern aufsteilt, steinern dicht.

Das Dorf hat sich vergrämt und bissig-bitter
urdunklem Wind des Todes hingeduckt.
Da fällt von allen Häusern schon der bunte Flitter
wie Staub herab und wird vom Frost verschluckt.
In Kammern arme Menschheit bricht das Brot
mit Tränen und verflucht des Leibes Not.

Daß ihrer Armut nicht noch Böseres geschehe,
reumütig sind die Raben wieder da.
Und manchmal kommen auch die lichten Rehe
bis zu den Fenstern. Und sehn atem-nah
in ein Gesicht, das Blut und Sterne trinkt
und Gott still lächelnd in die Arme sinkt.

(Mai 1872)

## Komödie des Durstes

### I
*Die Ahnen*

Wir sind dir, großer Mutterschoß
zu rasch entwachsen und zu groß.
Von Korn und Ackererde heiß
bedeckt uns eisig-heißer Schweiß.
Wir haben Milch und Wein genug
und schrein verdurstend doch: Betrug!
Was sollen wir hier trinken?
Ich selbst:
Nicht trinken! In wilder Ströme Bett hinuntersinken.

Wir sind dir, großer Mutterschoß,
entflohen und die Heimat los.
Ein Graben, schleimig-grün, umschweigt
das weiße Haus. Der Brodem steigt
mit riesigem Gestrüpp empor,
da ist kein Weg mehr und kein Tor.
Wohin solln wir die müde Stirne legen?
Ich selbst:
Nicht legen, nein, empor zum Sterngefild bewegen.

Wir sind dir, großer Mutterschoß,
verstorben und die Sorgen endlich los.
Im Traum nur noch erfahren wir
die Lustgebrülle deiner Gier.
Sehn, wie dein Bauch von Tag zu Tag

vor Fett sich nicht mehr rühren mag,
derweil die Würmer uns zu Staub zerfressen.
Ich selbst:
Habt ihr nicht auch ein Leben lang am Trog gesessen?

II
*Der Geist*

Mit deinen Flossen, zauberische Frau,
zerpeitsch die Flut, zerreiß das Blau!

Ruf deine Schwester Venus auch herzu,
beweine sie und schließ den Himmel zu.

Auch ihr von steilen Küsten kreideweiß,
Nordmänner, bartverwildert, Blut wie Eis,

habt nur ein Leben lang das Meer gekannt,
von Pol zu Pol dies eine Vaterland.

Ich selbst:
Nein, nie mehr ist aus irdnem Krug
mir ein Getränk, ob Wein, ob Bier, genug.
Mein Durst kennt keine Grenzen mehr.
Ich will das Meer!

Nur einmal gab ich einem Dichter nach
und trank mit ihm, bis er daran zerbrach,
das grüne Gift der Eitelkeit ... Verdammt:
wie hat der Trank mein Herz verbeult, verschrammt.

III
*Die Freunde*

Komm, Wein rollt auf den Strand,
Millionenflut ans Land!
Von allen Bergen rinnt
Likör und rein Absinth.

Pump dir den Madensack
so voll, bis du als Wrack
die Straßen übertreibst
und wieder Verse schreibst.

Verfluchter Alkohol!
Ich fühle mich so wohl
am Bach im grünen Klee
und sauge Honig aus dem Blütenschnee.

IV
*Der arme Traum*

Manchmal ein roter Abend lädt mich ein,
daß ich sein Bruder sei, nur ich allein.
Wir sitzen Arm in Arm die lange Nacht,
umsprüht von Tau, umwogt von Gras,
und trinken, bis das leere Stundenglas
im jungen Wind vom Meer zerkracht.

Da baun sich wieder so verrückt im Kreis
die Häuser um mein Herz. Mein Blut stampft heiß
die Adern auf und ab. Der Atem pfeift,
die Welt ist viel zu klein für mein Gehirn,
und nirgends will ein Ausweg sich entwirrn,
erscheint ein Bild, ein Wort, das mich ergreift . . .

V
*Beschluß*

Die graue Taube durch die Feuer der Prärie,
gehetztes Wild, verkrochen im Kakteenstrauch,
der Fisch im Glas, der aus dem Schlaf dich schrie,
im Käfig alle Tiere, du: die dürsten auch.

Da wünscht mein Herz sich keinen andern Tod:
als so im dunklen Walde hinzuwehn,
wenn Blitz um Blitz die Bäume rot anloht
und fern die Dörfer bis zum Hals im Wasser stehn.

(Mai 1872)

## In der Sommerfrüh

In der Sommerfrüh gegen vier
schlafen Verliebte so schwer.
Noch das Gebüsch über dir
verflimmert vogel-leer.

Aber der Zimmermann
verließ schon das Bett,
ehe der Tag begann
und sägt Brett um Brett.

Mit nackten Armen schafft
er sein Tagewerk,
das die Stadt, schwarz verpafft,
überwölbt mit einem Sorgenberg.

Knechtet den Mann ein Betrug –:
Venus, gib du ihm die Macht.
Liebe hat lange genug
nur am Rand seines Herzens gewacht.

Gib, daß sich ein Weib
in Rosen über ihn streut,
und daß er, nicht nur zum Zeitvertreib,
sich auf das Mittagbrot freut.

(Mai 1872)

## Resignation an einem Maientag

Im Sonnenlaub des Lindenbaums erstirbt der Ruf
der Jagdhornbläser. Heller färbt die Ährenau
den Berg, auf dem der Herr die Welt erschuf.
Aus seinen Augen unaufhörlich rinnt das Blau
der Gnade und erhebt die Kreatur
zu seinem Ebenbild. Die Lerche weiß
nicht mehr wohin mit ihrem Liebesschwur
und schlägt am Himmel weit den Feuerkreis.

Ich Ausbund aller Menschen aber, wie
gelangweilt, nörgelt meine Eitelkeit
herum und stützt das Kinn aufs Knie
und möchte hundert, tausend Meilen weit
von hier in einer Landschaft tropisch grell
zum Herrscher auserkoren sein.
Um meine Brust spannt sich ein schwarzes Fell,
ich habe tausend Frauen und blieb doch allein.

Ich weiß, daß mich der Rausch, nicht der Zerfall
von Jahr zu Jahr entkräftet, bis ein Greis
auf Krücken in die Grube fährt, wie all
das laue, schuppige Geschmeiß,
das hier gelagert unter einem Baum
ins Abendrot mit müden Augen stiert,
die Kinder quält und auch im tiefsten Traum
die Maske treuer Untertanen nicht verliert.

(Mai 1872)

## Goldenes Zeitalter

Die Stimmen von drüben,
sie klangen wie Engelchor:
im Orakel wollt ich mich üben,
sie sangen mir leise ins Ohr:

»Deine tausend Fragen
sind wie ein verästelter Baum,
er wird niemals dir Früchte tragen,
nur Torheit und närrischen Traum.

Dein Wollen ist alles nur müßiges Spiel,
nach Freuden und Lüsten sehn wir dich rennen,
deine Wünsche sind ewig zuviel,
erst mußt du dich selbst erkennen.«

Die Stimmen von drüben,
sie klangen wie Engelchor:

im Orakel wollt ich mich üben,
sie flüstern mir weiter ins Ohr,

wie Atem so heimlich und leise,
doch von metallischem Klang:
wie glühende deutsche Weise,
gleich des Feuerofens Schauer-Gesang:

»Diese Welt ist schlechter als schlecht!
Warum willst du es nicht hören?
Lebe, das ist dein gutes Recht,
laß vom Unglück dich niemals betören.«

Ihr lieblichen Schlösser, so frei:
mein fürstlicher Bruder, du stolzes Wesen:
warum sind eure Zeiten vorbei,
wann seid je ihr gewesen?

Ich singe, geheimnisdunkel wie ihr,
Chor ferner Schwestern, von keinem gekannt.
Gebt die Ruhmeskränze mir,
meine Worte waren dem Markt nie verwandt.

(Juni 1872)

## Junger Haushalt

Mit offenen Fenstern saugt das Zimmer viel Blau,
daß alle Wände davon überlaufen. Niemand will
den Sommertag versäumen, draußen mit so junger Frau,
wo süß die Beeren funkeln zwischen Buchsbaum und Kamill.

Am Zaun im Spinngewebe spielt der Mittagsgott,
da rieselt Tau und Schnecken gießen sich aus Glas ihr Haus,
da gibt die Erde das Geziefer frei, im dumpfen Trott
marschieren sie treppauf, treppab und halten Hochzeits-
[schmaus.

Der Hausherr hockt mit dumpfer Stirn im Amt und denkt
im Traum nicht, wie man ihn derweil zuhaus bestiehlt.

Mit junger Frau im Gras: wie reich beschenkt
das Eiland uns, eh böse wieder Mond vom Himmel schielt.

O bliebe Zeit doch stehn! Wie hitzig stürzt der Tag ins Grau
der Dämmerung. Die Zimmer füllen sich mit Feuchtigkeit.
Die Möbel wackeln riesengroß und ungenau
im Haus herum und schüren Zank und Streit.

Einsam am Fenster weint die lange Nacht
Madonna im schneeweißen Kleid. Die Sterne stehn
wie Nadeln spitz auf schwarzem Glas. Schrill lacht
der Uhu im Gebälk und hört den Wind auf Zehen gehn.

Mit Kisten und mit Koffern vollgepfropft,
versackt das Haus. Es ist kein Licht zu sehn.
Madonna wartet, daß ein armer Sünder klopft
und hört nur lauter noch die Schnarchgeräusche gehn.

(27. Juni 1872)

## Brüssel

(Juli, Boulevard du Régent)

Gewirkt aus Tausendschön die langen Beete
bis zu dem blendendweißen Prunkpalast.
Dazwischen Bänke, strotzend eingefaßt
von Efeu-Blau, das Afrika hinüberwehte.

Die Rosen warten noch so stumpf verhalten
im bronzenen Geknosp auf eine Nacht
voll Regengrau. Nur eine hat die Augen aufgemacht
und sieht die kleinen Vögel Hochzeit halten.

Verträumte Häuser werfen schwarze Schatten,
Geruch von Heu dampft aus dem kurzen Gras.
Manchmal in einer Laube knurrt der Baß
des Hausherrn und verschiebt die Latten.

Juliette hat weiße Seide um die Hüften
geschlungen und umtanzt die Steinfigur.

Mir steigt aus düsteren Erinnerungsgrüften
ein Traumbild hoch: da war ich Troubadour.

Ach nein . . . Gespenstisch brennt die Fenster-Rose
vom Königsturm. Der Buchs erstarrt zu Stein.
Ich werde wohl auch diesen Abend einsam sein,
wie dort das Schneckenhaus voll Gift im Moose.

Verschwiegene Straße, abseits von dem tollen
Gewirbel des Verkehrs: Warum dies Spiel
von zauberischen Masken ohne Sinn und Ziel?
Ich höre noch im Schlaf die Eisenbahnen rollen . . .

(Juli 1872)

## Fest des Hungers

Anne, Anne, Hunger-Wort,
flieh auf deinem Esel fort!

Habe ich Hunger, ist es nur der
nach Erde und nach Stein.
Wiesen und Wolken und Meer
kämen nicht strömender zu mir ein.

Zum Leben, ach wie wenig muß ich haben
kann am Singsang der Gräser und Birken,
an linder Wolken Winde mich laben –
wie heitere Gifte werden sie wirken.

Nicht vom Gestein der alten Kathedrale,
das ein Bettler in müden Händen zerdrückt,
vom Geröll in einem grauen Tale
muß ich jetzt leben und bin trotzdem beglückt.

Der Hunger quält wie schriller Glockenschlag,
wenn über Fabriken dicke Wolken stehen,
trübselig schmerzensreicher Tag,
wenn aller Welten Übel sich mir im Magen drehen.

Natur läßt ihre Blätter müde fallen,
süße Frucht ins Astern- und Kamillenbeet,
Ernteglück häuft sich in Kellern und in Hallen,
des Hungers Schrei in dunkler Nacht verweht.

Anne, Anne, Hunger-Wort,
flieh auf deinem Esel fort.

(August 1872)

## Was bleibt für uns

Was bleibt für uns, mein Herz, wenn wir vom Abendfenster aus
tief unten das verworrene Gehäuf der Welt betrachten,
dies Blutmeer voll Gestank, Geschrei; und Haus bei Haus
Armseligkeit mit Menschen, die sich streicheln und verachten?

Was bleibt für uns? Der Haß! Vielleicht nur der!
Aus ihm herauf im Donner der Posaunen blitzen
die Augen Gottes. In den Tempeln aber, wer
erkennt ihn über sich noch an? Sie haben Baal im Herzen sitzen.

Sie tanzen um das goldne Kalb: die Fürsten und der Untertan,
die Börse, Industrie und Staat. Wir schreien: Nieder!
Ja, nieder in das Nichts, du giftgeblähter Wahn
vom Paradies auf Erden. Sintflut, komme wieder!

Von Kaiser, Speichelleckern, Krieg und Frieden haben wir ge-
Es ekelt uns vor der Kultur auf diesem Feld der Lüge. [nug.
Auch du bist Lüge, Republik. Auch du, o Mensch, Betrug.
Vielleicht, mein Kind, auch deine unbeschriebnen Züge.

Das frißt von Volk zu Volk. Die Grenzen sind verwischt.
Europa: schreckliches Geschwür am Tor der Welten.
Das schlechte Blut ist nicht zu heilen. Dampf des Fiebers zischt
den letzten Tanz. Wir flüchten zu den weißen Zelten

der Wüste Afrikas. Das Meer ist aufgewühlt!
Wie du, mein Herz. Es schmilzt und rauscht die Erde.

Im Wachtraum unter Sternen habe ich ein Tiergesicht gefühlt.
Und von den großen Wäldern kam Gebrüll der Herde.

Mein Herz, wenn unser ausgelassenes Boot
am Felsenriff zerschellt: ist dieser weiße Küstenschimmer
nicht auch schon von dem gleichen Tod bewohnt, dem wir ent-
[flohn?
O altes Joch –: wie, sind wir die verdammte Welt noch immer!

(Ce n'est rien: j'y suis; j'y suis toujours.)

## Hört und schweigt

I

Sieh die dürren Ruten
am uralten Weidenbaum,
wie sie aus dem Silberschaum
aufgedunsen bluten.

Auf den feuchten Rasen
bis zum Grund der Wurzelschlucht
dumpfer plumpt verfaulte Frucht
und verjagt die Hasen.

Durch den Hohlweg funkelt
schon der Schwämme Phosphorrauch,
bis die Nacht aus jedem Strauch
fratzenhafter dunkelt.

Eine schwarze Norne
braut den Zaubertrunk im Sumpf,
und es trifft ein Stoß dich dumpf
wie von einem Horne.

Deine Schläfen klopfen,
Steinwand wird das hohe Rohr,
und du hörst dein Leben lang im Ohr
diese Stille tropfen.

II
Wo im grauen Schaum
dunkle Wasser schweigen,
weint mit weißen Zweigen
ein Akazienbaum.

Eine Nonne hebt
ihre dürren Arme
hoch empor und bebt:
daß sich Gott erbarme.

Von dem Haus ist kaum
Rauch zurückgeblieben.
Alles schwimmt im Raum
plump und aufgetrieben.

Manchmal treffen leichenblaß
hier noch zwei zusammen,
die mit ihrem wilden Haß
von demselben Vater stammen.

Aber ehe da der Strahl
einen hinbezwungen,
hat der schwarze Wal
sie ins Nichts verschlungen.

## Michael und Christine

Wenn hoch am Mittag plötzlich das Gesicht
der Sonne auslöscht –: Sintflut sagt sich an.
Schon hüllen sich die Häuser schwarz und dicht
in Schleier Staub. Ein qualvoll schwüler Bann

bedrückt das Blut. Gebrüll von Wald und Vieh
macht dich noch viel verwirrter, als du schon
herumirrst mit dem Glockenton: Entflieh!
Du Mensch, du Tier aus Feldern, rot voll Mohn!

Der Feuermohn schlägt sich zu Wolken, giftig braun
und läßt die tollen Hagelschauer los.
Da hängst du schon mit deinem Mantel fest im Zaun,
erschrockner Hirt. Nur diesen einen Stoß

mit Arm und Brust bezwinge noch und lauf
dem Strich der Bäume nach. O Dorf, noch weit,
mach deinen Herden breit die Tore auf.
Ich aber habe Zeit, bin gegen Blitz und Regenschlag gefeit!

Ich steife das Genick: herunter von der Brust den Rock!
Der schwarze Himmel ist kein leerer Wahn,
in meiner Faust erhoben pfeift der Knotenstock.
Da rollt auch schon die große Eisenbahn.

Ich brause ihr entgegen, Schritt um Schritt.
Gezisch der Schlangen zaust mein Haar.
Und wo ich tausend schon mit meiner Sichel schnitt,
blitzt hunderttausendfach vermehrte Schar.

Im blutigsten Gefecht: ich höre Gottes Donnerstimme gehn,
ich seh ein Dorf verwachsen mit dem Wald.
Die Felder fließen hin wie Schwefel-Seen.
Am Hügel aber lahmt die klafternde Gewalt.

Der Hügel reckt sich stählern blank aus dem Zerfall
der Wolken und wirft ins Regenmaul
die Schieferfaust. Ein feuerroter Ball
steigt hoch aus den Moränen schleimig faul.

Die Glocken atmen auf. Ein elendes Gespann
hunkt durch den Lehm. Ich sah's noch nie,
die Pferde nicht und nicht den Mann,
und beuge doch dem Knochensarg mein Knie.

Da glänzt das weiße Tal schon silberblau
und blendet meine Augen, daß ich kaum
das Bild erkenne . . . mitten in der Ährenau:
das Denkmal »Unserer lieben Frau«!

Nur dieses Ziel laß mich noch, liebe Müdigkeit,
erreichen, ehe das Gesicht versinkt.
O Michael, Christine –: Christenheit!
O Gottes Sohn, der rot im Abendwein ertrinkt.

## Ist es Almea?

Ist es Almea? . . . In ihrem ersten blauen Stundentraum
schmolz sie dahin wie Blütenschaum in tropisch-heißem Raum,
wie sanfter Wind, so hat ihr Mund die Seufzer ausgehaucht,
wie wilder Atem einer großen Stadt war ihre Lust verraucht.

Dem Mädchen hinter fernen Sternen galt des Korsaren Sang,
berauscht von seines eigenen Traumes Klang.
Die Luft des reinen Meeres will er überschäumend trinken,
frei von letzter Maske Druck, Almea in die Arme sinken.

## Schande der Beklemmung

Warum hat ein Degenstoß das fette Hirn nicht so
durchbohrt, daß Erde rot zur Erde rinnt:
will dieser Kohlkopf, aufgebläht von Stroh,
uns noch tiefer ducken, als wir bereits gesunken sind?

Man müßte ihm die Ohren und die Nase auch
fortschneiden. Oder das verdammte Maul
voll Steine packen, kreuz und quer den Bauch
zerfetzen. Aber der Gestank so grün und faul . . .

Man könnte Mitleid haben . . . aber hier wird Mitleid Fluch.
Denn wenn der Degen nicht den Kopf zerhackt,
der Bauch nicht platzt wie durchgeschwitztes Tuch
und mit dem Dreck zum Abfall sackt:

wird dieses gräßlichste Reptil der Welt uns so
Natur verekeln, daß uns vor uns selber graut.
Doch daß ich nicht schon nach dem ersten Tage floh:
das brennt wie Fluch des Kainszeichens die Haut.

## Erinnerungen

I
Mit blauen Augen schwärmen Wasser durch das Tal,
die Birken platzen aus der Haut. Auf einem Steine
sonnt sich die Echse und das Dorf, der rote Wal,
verliert die Flossen und hat wieder Beine.

Der Turm wirft Fahnen in das Blau empor,
ein Lerchenlied verfängt sich in der Seide,
Pan schneidet aus dem jungen Büschelrohr
sich eine Flöte. Wie ich ihn beneide,

dem jedes Mädchen folgt, wenn er sie lockt,
sich eine Stunde lang ihm hinzuschenken!
Was er verschmäht, das wird mir eingebrockt,
sich in mein wehes Herz hinein zu senken.

II
Die Straße ist noch schwarz und blank vom Regen.
Die Gräser aber dampfen schon und die Allee
trägt auf dem breiten Rücken rosa Schnee.
Bald wird sich auch der Wind beruhigt legen.

Da hüpft die Amsel durch das Kraut. Das warme
Goldaug der Dotterblume lockt mein Reh
herzu. Wir lagern uns im roten Klee,
umflüstert von den wilden Ranken unsrer Arme.

III
Der Himmel hat das viele Grün verbraucht.
Im roten Mond mag niemand fröhlich sein.
Da geistern Schatten um den Meilenstein,
es knurrt ein Tiergesicht im Strauch und faucht.

So einsam schwankt die Frau im Abendwind.
Der Wald verschluckt ein bärtiges Gesicht.
Ein Kinderschreien bleibt zurück. Es rinnt
todfeucht vom Baum und scheut der Sterne Licht.

IV

Die Schwärze lastet schmerzhaft. Angstverstört
verläßt die Eule früh das Kinderhaus.
Sie hat am Weiher dumpfen Fall gehört.
Im Aug der Kröte goldner Schein löscht aus.

Vor Mauern ist der Weg nicht mehr zu sehn.
Nur Pappeln zeigen noch Bewegung an,
wo unten tief im Grund die Fische stehn
und an den Netzen rücken, leise, dann und wann.

V

Ich bin verwachsen mit der Trauerweide.
Ich habe nicht den Mut, ins Boot zu steigen.
Ich hebe meinen Arm, ich hebe alle beide
und greife nur noch tiefer in das Schweigen.

Der Wind bläst Asche von den Ufersteinen
in mein Gesicht. Verdorrt entfällt den Zähnen
die rote Rose. Heißes Herz hat keinen
Gefährten mehr und legt sich zu den schwarzen Schwänen.

## O Tage ... Bäume ... Haus!

O Tage ... Bäume ... Haus!
Ich habe nichts der andren Kreatur voraus.

Ich trinke froh das magisch-dunkle Gift,
das Glück, das jeden Heimatlosen trifft.

Ewig kräht der Hahn zum drittenmal,
immer sterben Heilige im Krankensaal.

Ich habe längst schon alle Hoffnung abgelegt
und steh im Regen, der die Straße fegt.

Was ihr von meiner Worte Sinn nicht könnt verstehn,
das wird verwehn und morgen wieder auferstehn.

Ich habe nichts der andren Kreatur voraus.
Weit hinter Tag und Baum bin ich zuhaus ...

## Beth - Saida

In diesem Sommer war der See mit den fünf offenen Galerien ein Ort grauenhafter Stille. Wie ein schwarzes Waschbecken lag er da. Schwere Regenwolken drückten herab, und das Dunkel überfror Baum und Stein. Die Bettler saßen auf den unteren Stufen. Ein schwefliger Glanz lag auf dem braunen Granit. Mit solchem Geleucht sagen sich manchmal Gewitter an. Die Schwüle schlägt in dein Blut hinüber. Aber du möchtest das Elend dieser armen Leute verspotten, ekelst dich vor dem stumpfen Grau der Augen, vor den Gliederstümpfen, die schlaff oder geschwollen in der gestreiften Hospital-Kleidung stecken. Wirklich: an keinem Elendort der Welt ist soviel Schauer gehäuft wie in diesem Bad der Invaliden. Seit Jahrhunderten schon hat das Wasser diese ekelhaft schwarze Farbe. Krämpfe erschüttern den Kranken, der in diesem Spiegel sein Gesicht zum ersten Male sieht.

Christus aber hat hier sein erstes Wunder an den Aussätzigen getan. An einem Tag im Februar, März oder April war es. Die hohe Nachmittagssonne ergoß über das Grab eine große Sichel von Licht. Ich stand weit hinter den Kranken, verdeckt von den Schatten der oberen Galerie. Kein Geschehnis, das sich in dem einzigen Lichtstrahl bewegte, konnte mir entgehen. Die Rosen des wunden Fleisches, das Grün der Schwären, das schneeweiße Geblüh der abgestorbenen Haut –: welch eine Dreifaltigkeit des Grauens! Dazu dieser milchige Schleier des Lichts, dieses Irisieren der Seufzer und Tränen.

Der Tod stieg mit glasig-grünen Augen vom Grund des Gewässers herauf und wartete auf das Opfer. Die roten Henker der Hölle aber haßten diesen barmherzigen Erlöser. Er nahm ihnen die fettesten Bissen fort. Sie streuten Hagel in seine Augen, so daß er wieder untertauchen mußte. Alle Sünder wollten ihm nach, um von ihm die Erlösung zum Leben zu finden. Es lag eines Gottes Stimme über dem Wasser, daß der wieder gesund durch die Straßen brausen würde, der es vor allen anderen zuerst berührte mit seinen Gebresten.

Welch eine Lüge!

Von den Dämonen der Sünden immer wieder auf das Rund der Treppen zurückgeworfen mußten sie neue Stellen zum Absprung suchen. Und lagen Tage nach dem zwecklosen Mühn wie tote Fische auf den Steinen und schielten nach Almosen.

Jesus trat gleich nach der Stunde des Mittags in das Bad hinunter. Kein Wesen war zu sehen, nicht die Tiere, die zur Tränke geführt wurden, keine der Frauen, die hier waschen, nur die von Gebresten Geplagten. Von seinem Mantel fiel Glanz und Gnade. Aber niemand von den dummen Krüppeln wagte jetzt in den See zu steigen. Sie blinzelten träge in den Rauch, der vor ihren Augen auf- und niederwogte. Das Licht auf dem Wasser war nun gelb wie die letzten Blätter der Weinstöcke. Gottes Sohn lehnte sich an eine Säule und sah mitleidsvoll auf den Haufen Elend. Er weinte um ihrer Sünden willen.

Der Dämon der Menschheit aber streckte mit dem eitrigen Geifer der Kranken seine Zunge aus und schmähte den Meister und Herrn.

Nur ein Gichtbrüchiger erhob sich, verneigte sich vor Christus, ließ das Wasser durch seine Hände rieseln und konnte seinen Kopf plötzlich wieder heben. Langsam stieg er die Stufen empor. Mit seltsam festen Schritten sah man ihn die Galerie durchschreiten und weit . . . weit hinten in der Stadt der Verdammten verschwinden.

Und Christus lag mit dem Gesicht auf der Erde und betete.

(September 1870 bei seiner ersten Flucht nach Paris im dortigen Mazas-Gefängnis geschrieben)

# Ein Sommer in der Hölle

1873

Einst, wenn ich daran denke, war mein Leben ein Fest. Alle Herzen taten sich auf, und die süßen Weine flossen. Eines Abends setzte sich die Göttin der Schönheit auf meine Knie. Ich fand sie bald bitter und stieß sie wieder fort.

Ich machte mich stark wider die Gerechtigkeit. Ich floh über alle Berge. Und ergab mich euch –: Ihr Hexen des Elends, des Hasses. An euren Brüsten ruhte ich. Mein Geist gab nach und zerstörte die elende Legende der Hoffnung. Jede Freude besprang ich mit dem tauben Sprung des Tigers und erwürgte sie. Ich rief lachend die Henker herzu und schlug meine Zähne in das blanke Eisen. Ich schrie nach der Peitsche, um lachend mein Blut im Sand zu ersticken. Das Unglück erhob ich zu meinem Götzen Gott. Ich wälzte mich wiehernd in dem Dreck. Ich trocknete meine offenen Geschwüre an der Luft des Verbrechens. Ich habe dem Wahnsinn böse Streiche gespielt.

Doch der Frühling packte mich an der Gurgel und brachte mir das Geröchel buckliger Narren bei.

Da, als ich schon aus dem letzten Loch pfiff, riß mich ein Traum hoch: den Schlüssel zu den Gartenfesten von einst zu suchen. Der alte Geschmack machte mit Kitzeln meine Zunge lüstern.

»Du wirst ein Luder zeitlebens bleiben«, kicherte der Dämon, der mich mit dem blauen Mohn des Traumes zu betören versuchte. »Pirsche dich an den Tod heran. Brenn ihm mit all deinen Lüsten entgegen. Und deinen rot empor gegipfelten Sünden.«

Ich habe mich noch nie lumpen lassen. Aber jetzt, verehrter Herr der Hölle –: schaun Sie mich bitte nicht so von oben her an, so donnerwütend!

Diese kleinen nachträglichen Feigheiten –: Nimm sie ruhig hin. Für dich, für wen sonst, reiße ich diese Blätter, diese scheußliche Selbstbespiegelung aus meinem Tagebuch.

Für dich, der du die Dichter liebst.

## Schlechtes Blut

Von meinen Vorfahren, den Galliern, habe ich das hellblaue Auge, den schwerfälligen Kopf und die Ungeschicklichkeit im Kampf. Meine Kleidung ist mindestens so barbarisch wie die der Ur-Urgroßväter. Nur mein Haar versah ich nicht mit übler Pomade.

Die Gallier waren die herzlosesten Tierschinder ihrer Zeit und über die Kräuter fuhren sie mit Feuer und Schwefel. Von diesem Pack habe ich auch den Götzendienst geerbt, den Hang zu jedem Frevel ... o, alle erdenklichen Laster –: Jähzorn Hurerei, Suff, Lüge. Herrlich diese Wollust zu Weibern, vor allem aber Verstellung, Faulheit, Schnauze! Ich hasse jedes Handwerk. Wie gemein ist das alles: Meister, Gesellen, Stifte. Und dann die Bauern. Die Hand der Feder wiegt hundertmal die des Pfluges auf. Und ist dennoch Dreck. Welch ein Jahrhundert der Hände! Ich werde meine Hand nie hergeben dafür. Dienstbarkeit führt wahrlich weit. Betteln ist ehrlicher. Die Lumpengarde zerreißt mir das Herz. Die Verbrecher widern mich an wie Kastraten: ich, ich bin unberührt, und das ist mir gleich.

Wer, wer aber hat die Trägheit meiner Zunge geleitet und beschützt? Für nichts und niemals hat mein Körper sich angestrengt, lebte müßiger als die Kröte und lebte doch überall. Keine Familie lebt in Europa, die ich nicht kenne. Ich meine natürlich mir verwandte Familien, die der Erklärung der Menschenrechte das runde Dasein verdanken.

Ich habe auch jeden Sohn jeder guten Familie gekannt.

Wenn ich nur einen Vorgänger hätte zu irgendeinem Zeitpunkt in der Geschichte Frankreichs.

Aber nichts ... gar nichts!

Ich habe die Gewißheit, daß wir immer eine minderwertige Rasse waren. Revolutionen, die sie machten, kann ich nicht begreifen. Meine Rasse erhob sich nur, um zu plündern, so wie die Wölfe um einen Kadaver raufen, den sie nicht abgewürgt haben.

Ich rufe mir die Geschichte Frankreichs, der ältesten Tochter der Kirche, zurück ins Gedächtnis. Als Bauernlümmel hatte ich die Reise nach dem heiligen Lande gemacht. Alle Straßen durch die schwäbischen Ebenen habe ich im Gedächtnis. In Byzanz kenne ich mich aus; auf den Wällen von Solyma weiß ich in jedem Laufgraben Bescheid. Marienkult und die Liebe zu dem Gekreuzigten erwachen in mir mitten im Lärm der Straßen und den Possen der besoffenen Welt.

Ich sitze als Aussätziger auf dem Scherbenhaufen und zwischen Brennesseln vor einer morschen Stadtmauer. Später würde ich als Reitersmann unter den eisigen Nächten Deutschlands biwakiert haben.

Ah, auch dieses noch: in einer roten Waldlichtung tanze ich den Hexensabbat mit Alten und Jungen.

Meine Erinnerung reicht nicht weiter als diese Erde und ihr Christentum. Ich weiß kein Ende mich in dieser Vergangenheit wiederzusehn. Aber immer allein, ohne Verwandtschaft –: Ja, was für eine Sprache rede ich denn eigentlich? Ich sehe mich nie im Rat Christi, nie im Rat der großen Herrn, die das heilige Öl des Glaubens gepachtet haben!

Im letzten Jahrhundert, wer war ich doch gleich? Ich erkenne mich erst heute. Keine Landstreicher mehr, keine Söldnerheere, kein Raubgesindel und keine Irrfahrten. Die minderwertige Rasse hat alles zugeschüttet. Volkstum stand auf – Nation wie man so schön sagt; Vernunft, Kultur und Wissenschaft.

Diese Wissenschaft: der neue Adel! Immer wird das Alte ausgegraben und neu gefirnißt. Für Körper und Seele ist das heilige Abendmahl gut genug. Man hat auch Medizin und Philosophie, Hausmittel weiser Frauen und die von Ochsen bearbeiteten Volkslieder. Dann die Amüsements der Fürsten und die Spiele, die sie verboten haben. Geographie, Kosmographie, Mechanik, Chemie . . . Brrr. Zum Kotzen!

Aber die Wissenschaft, der neue Adel – das ist der Fortschritt, weißt du? Die Welt schreitet vorwärts. Warum sollte sie nicht auch umkehren?

Das ist die Vision der Zahlen. Der Wahnsinn des Mechanismus. Wir brausen dem Geist entgegen. Ich phantasiere nicht. Ich bin auch kein Hellseher. Aber was ich sage, das trifft zu. Ich verstehe, und da ich mich nicht anders als heidnisch ausdrücken kann, schweige ich lieber.

Das heidnische Blut kehrt wieder. Der Geist ist nahe. Warum hilft mir Christus nicht und gibt meiner Seele Adel und Freiheit?

Ach, die Zeit des Evangeliums ist vorbei. Das Evangelium!

Ich warte auf Gott mit der Zunge des Feinschmeckers. Ich bin minderwertiger Rasse in alle Ewigkeit.

Jetzt liege ich an der armenischen Küste. Die Städte streuen Lichter in den Abend. Mein Tagewerk ist vollendet. Ich verlasse Europa. Die Seeluft wird mir die Lungen beizen. Verlorene Klimate werden mich erdbraun gerben. Schwimmen, Gras zertrampeln, jagen reiten. Und vor allem: rauchen! Fusel wie kochendes Metall saufen, so, wie es die lieben Vorfahren taten, im Kreis um das Feuer.

Ich werde wiederkommen mit stählernen Gliedern, dunkler Haut, Stolz im Auge. Aus meinem Gesicht wird man die Kraft starker Rassen lesen. Ich werde Geld im Sack haben, müßig und mächtig sein. Die Weiber sind verrückt nach solchen Gesellen, die aus den heißen Ländern kommen. Sie werden mich hätscheln.

Ich aber werde mich in das politische Leben mischen. Und gerettet sein.

Jetzt bin ich verflucht. Mir graut vor dem Vaterland. Das Beste ist noch ein betrunkener Schlaf am Strand.

Ich reise nicht. Marschiere die alten Gleise weiter, beladen mit dem alten Laster, das seine Wurzeln in mein Blut hineingetrieben hat seit dem Alter der Vernunft, das zum Himmel wächst, mich schlägt, auf den Boden wirft und mitschleift.

Alle Einfalt ist Furchtsamkeit. Das ist so. Nur nicht meinen Ekel, meine Verräterei in die Welt bringen.

Auf! Marsch, Bürde, Wüste, Langeweile, Zorn. Wem soll ich mich verkaufen? Welches Tier soll ich anbeten? Auf welches Götzenbild mich stürzen? Welche Herzen brechen? Welche Lüge glauben? In wessen Blut waten?

Nur immer weit ab von der Justiz! Vielmehr das harte Leben, die gemeine Vertierung, mit sehniger Faust vom Sarg den Deckel heben, sich legen, verrecken. Nur kein Greisenalter und keine Gefahren. Furcht kennen Franzosen nicht.

Ach, ich bin so verlassen, daß ich jeder Fratze mein Bild zur Vollkommenheit opfere.

O meine Entsagung, meine tiefe Barmherzigkeit.

Und dennoch hier ... hier unten ...

De profundis, Domine; wie blöd bin ich doch!

Noch ganz ein Kind, bewunderte ich den unlenksamen Sträfling, hinter dem sich das Bagno für immer schließt. Ich suchte die Schenken und Herbergen auf, die seinen Atem einst erfuhren. Ich sah mit seinen Augen den sommerlichen Himmel und die blühende Arbeit der Felder. Ich witterte sein Verhängnis in den Städten. Er besaß mehr Kraft als ein Heiliger, mehr Umsicht als ein Reisender. Er hatte nur sich, sich allein zum Zeugen seines Ruhms.

Auf den Landstraßen, in Winternächten, ohne Dach, ohne Kleidung, ohne Brot, schnürte eine eisige Stimme mein Herz zusammen. »Ohnmacht oder Kraft? Nein Kraft. Du weißt bloß nicht, wohin du gehst, auch nicht, weshalb du gehst. Tritt überall ein. Gib Antwort auf alles. Man wird dich so wenig töten, wie du ein Kadaver bist.«

Am Morgen war mein Blick so verloren und meine Haltung so tot, daß mich die, die mir begegnet sind, gar nicht gesehen haben.

In den Städten erschien mir plötzlich der Dreck so rot und schwarz wie ein Spiegel, wenn jemand mit der Lampe im Nebenzimmer herumkraucht, wie ein Schatz im Wald. Glück auf! rief ich und sah ein Meer von Flammen, sah Rauch am Himmel. Und links und rechts alle Reichtümer flammend wie Milliarden Donner.

Die Schwelgerei und die Kameradschaft der Frauen aber blieben mir versagt. Nicht einmal ein Gefährte. Ich sah mich in einer erbitterten Menge, gegenüber den Gendarmen, weinend über das Unglück, das sie nicht verstehen konnten, und verzeihend! Wie Jeanne d'Arc: »Priester, Professoren, Meister, ihr irrt, wenn ihr mich dem Gericht überliefert. Ich habe nie mit diesem Volke etwas zu tun gehabt. Ich war niemals Christ; ich bin von der Rasse, die auf der Folterbank zotige Lieder gesungen hat. Ich verstehe eure Gesetze nicht. Ich habe keine Moral. Ich bin ein Tier. Und ihr seid im Irrtum.«

Ja, meine Augen können eure Sonne nicht vertragen. Ich bin ein Tier. Ein Nigger. Aber vielleicht kann ich noch gerettet werden. Von den Ketten eurer nichtsnutzigen Ehrbarkeit.

Ihr seid mit Masken angeschminkte Neger, ihr, Wahnsinnige, Wilde, Geizkragen. Sieh mich an: du da, Kaufmann, spitzbärtiger, du bist ein Neger. Ja, auch du, Kaiser, du alter Aussatz, auch du bist Neger, hast uns um unsere Freiheit geprellt, hast nichtversteuerten Likör gesoffen. Den Fusel aus Satans roter Küche.

Dein Volk ist von Fieber und Krebs begeistert. Die Greise und Kranken sind so zerblattert von Frömmigkeit, daß sie verlangen in der Hölle gebraten zu werden. Ein Narr ist, wer diesen Kontinent nicht verläßt. Diesen Tümpel, wo die schwarzen Kröten umherschleichen, um für diese elenden Menschenreste bei Gott Fürsprecher zu suchen. Ich aber bin gerettet! Ich trete ein in das wahre Reich der Kinder Chams. Ich bin gerettet.

Kenne ich noch die Natur? Kenne ich mich selbst? Ich mich selbst? Kein Wort mehr! Ich verscharre die Toten in meinem Bauch.

Aufschrei, Trommeln, Tanz, Tanz, Tanz!
Ich sehe nicht einmal die Stunde wo die Weißen landen!
Und ich in das schwarze Nichts versinke.
Hunger, Durst, Schreie, Tanz, Tanz!

Die Weißen landen mit Kanonen. Man muß sich taufen lassen, Kleider anziehn, arbeiten!

Ich bekam ins Herz den Schlag der Gnade. Und hatte doch diesen Dolch nicht vorgesehen.

Ich habe nichts Böses mehr getan. Die Tage werden mir leicht sein. Die Reue wird mir erspart bleiben. Ich werde nicht mehr die Qualen der Seele haben, die fast am Guten stirbt, in der das Licht beginnt, streng wie der Kegel der Totenkerzen. Das Schicksal eines Sohnes aus guter Familie, einen frühen Sarg bedeckt mit dicken Tränen. Gewiß jede Ausschweifung ist tierisch, das ganze Leben stinkt tierisch, ich muß die Fäulnis auskratzen aus meinem Hirn. Die Uhr wird aber erst schlagen, wenn sich eine reine Stunde ansagt. Werde ich dann wie ein Kind abgebrochen, um im Paradiese zu spielen, wo man das Unglück leicht vergißt?

Schnell! Gibt es noch andere Leben!? Der Schlaf im Reichtum ist widerwärtig. Reichtum war immer allgemein. Die Liebe Gottes aber hat alle Schlüssel zum Wissen. Ich sehe, daß die Natur nichts ist, als ein Schauspiel der Güte. Lebt wohl, ihr Schimären, Ideale und Irrtümer!

Aus Engelmund steigt der Gesang der Vernunft empor aus dem rettenden Schiff. Die Liebe Gottes ist nahe. Zwei Lieben. Ich kann an der irdischen Liebe sterben, ich kann wie ein winselnder Hund verrecken. Ich habe Seelen zurückgelassen, deren gallige Qual mit meinem Hingang sich verhundertfachen wird. Ihr wählt mich unter den Schiffbrüchigen; doch die, die da zurückbleiben, sind das nicht meine Freunde?

Rettet sie!

Die Vernunft wird mir geboren. Die Welt ist gut. Ich werde das Leben segnen. Meine Brüder lieben. Das sind, so glaubt mir doch, nicht die Versprechen eines Kindes. Ich hoffe auch nicht dem Alter und dem Tode billig zu entgehen. Gott ist meine Kraft, und ich lobe Gott den Herrn!

Das dumpfe Brüten ist mir zuwider. Wut, Wollust, Tollheit – deren Gluten und Verderbnis ich genugsam kenne –, ich habe die Drecklast abgeworfen. Seht ihr: meine Unschuld ragt wie ein Turm!

Den Trost, eine Tracht Prügel zu verlangen, wäre ich nicht mehr imstande. Ich bilde mir auch nicht ein, daß ich je eingeschifft werde zu einer Hochzeit mit Jesus Christus als Schwiegervater.

Ich bin nicht Gefangener meiner Vernunft. Ich habe laut genug gesagt: Gott? Ich will die Freiheit im Heil; aber wie soll ich zu ihr kommen? Alle Lüsternheiten haben mich verlassen. Ich brauche nicht mehr die Ergebung, die göttliche Liebe. Ich weine dem Jahrhundert der rührsamen Herzen keine Träne nach. Jeder hat seine Vernunft, seine Verachtung, seine Barmherzigkeit. Ich bleibe ruhig auf meinem Platz.

Auf der obersten Sprosse dieser Himmelsleiter des gesunden Menschenverstandes.

Doch das Glück eines sicheren Lebens, Knecht oder nicht –: nein, ich will nicht! Ich bin zu gedankenlos, zu schwach. Das Leben blüht durch die Arbeit, eine Binsenwahrheit: ich, mein Leben wiegt nicht so schwer; es flattert davon und schwebt hoch über aller Arbeit, diesem Lieblingspunkt der Welt. Was für ein altes Weib ich doch werde, daß mir der Mut fehlt, den Tod zu lieben.

Wenn Gott mir die Ruhe des Himmels schenkte, die Lust, das Gebet – wie die braunen Heiligen es hatten.

Die Heiligen, die Starken, die Anachoreten, Künstler und Orgelspieler. Die wir heute nicht mehr nötig haben.

Nimmt dieser Spuk denn kein Ende? Meine Torheit könnte mich zum Weinen bringen. Das Leben ist der Narrentanz, zu dem alle die Beine heben.

Genug: Das ist die Strafe –: Auf!

Ach, die Lungen brennen, die Schläfen hämmern. Die Nacht rollt in meinen Augen, in dieser Sonne!

Das Herz, die Glieder . . .

Wohin zum Kampf? Ich bin schwach, die anderen stürmen vor; Werkzeuge, Waffen, Zeit.

Feuer, Feuer auf mich! Jetzt wenn ich mich schon ergeben will! Feiglinge ihr! Ich töte mich! Ich werfe mich vor die Pferde!

O . . .!

Ich werde mich daran gewöhnen!

So wird mein Leben eines Franzosen würdig sein, der heilige Pfad der Ehre!!!

## Höllennacht

Ich habe Gift genommen, genug, um einen Elefanten zu fällen. Dreimal gesegnet sei der Gedanke, der mich zu dieser Tat trieb.

Ich spüre Feuer in meinen Eingeweiden, die teuflischen Säfte des Giftes ziehen meine Glieder zusammen. Meine Sehnen verzerren sich, meine Knie sacken ein. Ich verrecke vor Durst, ich ersticke, ich kann nicht mehr schreien. Das ist der Höllenpfuhl, die ewige Qual! Seht wie die Glut prasselt und hochschlägt!

Ich brenne wie Zunder. Fort aus meinen Augen, von meinem qualvollen Gelächter, Teufel!

Ich habe die Bekehrung zum Guten, zum Glück und zum Heil gesehen.

Kann ich das schildern, was ich erlebte? Die Lust der Hölle duldet keine Lobgesänge. Das waren ganze Heerscharen fabelhafter Wesen, ein herrlicher Zusammenklang der Geister, die Allmacht und der Friede, Güte, Zartheit; was weiß ich? O diese edlen Regungen!

Und doch ist es das Leben. Wenn die Verdammnis doch ewig wäre! Ein Mensch, der sich kreuzigen will, ist doch verdammt, oder nicht? Ich glaube, daß ich in der Hölle bin, also bin ich auch dort. So heißt die betreffende Stelle im Katechismus. Ich bin der Sklave meiner Taufe. Eltern, ihr seid schuld an meinem Elend. Ihr habt euch das Eure verschuldet. Aber ich bin unschuldig, o! die Hölle erkennt Heiden nicht an. Das ist noch das Leben. Später wird das Gelächter der Verdammnis noch tiefer brennen. Ein Verbrechen, schnell, schnell; damit ich ins Nichts versinke, nach dem Urgesetz alles Menschlichen.

Beruhige dich, schweige . . .! Die größte Schmach, der bitterste Vorwurf –: Teufel, der da meint, daß das Feuer unedel sei und mein Zorn so entsetzlich dumm. Genug! Irrtümer, die man mir eintrichtert, geheime Dinge, vertauschte Gerüche, kindische Lieder.

Und behauptet, daß ich rechtschaffen bin, Gerechtigkeit übe: ich habe Mutterwitz, ich urteile salomonisch, ich stehe auf dem Sprungbrett der Vollendung. Ich bin stolz. Die Haut meines Schädels schrumpft ein –: o Erbarmen! Herr, ich habe Angst. Mich dürstet, mich dürstet so! Kindheit –: oh, Gras, Regen, einen See auf meinem Steine, Mondsichel, wenn die Uhr zur Mitternacht schlägt. Zu dieser Stunde sitzt der Teufel im Glockenturm. Maria, heilige Jungfrau . . .! Du grenzenloser Spuk meiner Dummheit.

Hier in der Tiefe: sind es nicht ehrliche Seelen, die nur mein Bestes wollen? Heran! Ein Bettuch verschließt meinen Mund. Sie können mich nicht hören. Es sind Schatten. Und schließlich: wer denkt hier an den lieben Nächsten? Daß mir niemand zu nahe kommt. Ich spüre Brandgeruch auf der Zunge. Das ist nicht fortzuwischen.

Die Bilderjagd des Fiebers überschlägt sich. Jetzt zeigt sich, was ich schon immer hatte: mehr Glauben an die Geschichte, aber das Vergessen der Grundsätze. Ich will meinen Mund nicht auftun. Der Neid der Dichter und Propheten ist ekelhaft. Ich bin tausendmal ein Krösus. Und will darum auch geizig sein wie das Meer.

Still . . . oben blieben die Uhren des Lebens stehn. Die Welt ist von mir schon abgeblättert. Die Priester gehen nicht umsonst so feierlich schwarz; die Hölle ist tief »unten«, der Himmel so hoch da »droben«.

Verzückung, Nachtmahl, Schlaf in einem Rattennest von Flammen. Wieviel Falschheit giftet auf den Ruhebänken der Erde . . . Satan stürzt mit dem Samen des Unkrauts. Jesus wandelt auf purpurnen Dornen, ohne sie zu knicken . . . Jesus schwebt über den sturmgepeitschten Wassern. Und der Mond zeigt ihn aufrecht, weiß und mit braunen Locken an der Seite einer edelstein-hellen Welle. Ich will alle Geheimnisse entschleiern –: Geheimnisse der Religion, der Natur, Geburt, Tod, Zukunft, Vergangenheit. Die müde Legende von der Erschaffung der Welt, das Nichts. Ich bin Meister in Blendwerken.

Und nun hört mich an –:

Alles kann ich. Außer mir ist niemand da. Ich will meine Schätze nicht verhökern. Aber wollt ihr Niggersongs ...? Bauchtänze der Huris? Wollt ihr, daß ich mich in Rauch auflöse? Auf den Steppen der Korallen den Königsring suche? Wollt ihr? Ich bringe Gold, Heilung.

Vertraut euch mir an. Der Glaube macht stark, führt, heilt. Kommt! Auch die kleinen Kinder, alle! Ich will euch trösten, mein Herz wird euch mit Güte belauben.

O ihr armen Leute, wie ihr euch mühen müßt. Ich verlange keine Gebete. Nur euer Vertrauen. Das wird mich glücklich machen.

Nun wollen wir auch an mich denken. Das bringt kein Mitleid für die Welt auf. Ich glaube, daß meine Leiden zu Ende sind. Mein Leben schaukelt auf leisen Torheiten. Jetzt dauert mich diese Lauheit.

Unsinn –: ich will dem Leben alle Gesichter schneiden, die man sich nur denken kann.

Denn wir sind doch heil heraus aus der Welt. Kein Hauch weht. Mein Schatten ist fort. Ach mein weißes Schloß, meine Weinberge, mein Weidenhain.

Abende, Morgen, Nächte, Tage –: Ich bin so müde!

Ich müßte meine eigene Hölle für den Jähzorn, meine Hölle für den Stolz haben – und die Hölle der Faulheit und die Hölle des Großmauls – welch ein Höllenspektakel!

Ich sterbe vor Müdigkeit. Das ist das Grab. Ich lege mich zu den Würmern nieder. O Schrecken aller Schrecken. Satan, Spötter, mit deinen Reizen willst du mich ins Nichts zerstäuben. Ich wehre mich. Ich wehre mich! Einen Hieb mit dem Schür-Eisen, einen Tropfen Feuer.

Wenn man doch zum Leben wieder emporfahren könnte! Wie Christus. Warum bin ich der nicht? Die Augen sind geblendet von den Mißformen. O und dieses Gift, dieser verdammte Kuß. Meine Schwäche, die Grausamkeit der Welt!

Mein Gott, Mitleid, deck mich zu; ich halte mich für schlechter, als ich bin. – Ich bin geborgen, und bin es nicht.

Und das Feuer läuft über von all den Verdammten.

## Delirien I

*Die verrückte Jungfrau*
*Der Höllenkerl*

Brüder, vernehmt die Geschichte eines Genossen aus der Hölle. –:

Himmlischer Bräutigam, o mein Herr Gemahl, gestatte die Beichte der traurigsten deiner Dienerinnen. Ich bin verratzt, bin besoffen, bin unrein. Welch ein Leben! Verzeihung, Meister und Herr, Verzeihung! Ach, Verzeihung! Meine vielen Tränen. Später noch viel mehr, wie ich wohl hoffen darf! Später werde ich meinen himmlischen Liebsten kennen. Ihm untertänig zu sein, bin ich geboren. Der irdische, der Säufer und Raufbold, mag mich jetzt prügeln, soviel er Lust hat.

Jetzt bin ich auf dem Urboden der Welt, o meine lieben Schwestern. Kein menschliches hat solche Wahnbilder und Qualen. Nicht auszuhalten!

Ich leide, ich schreie mich kaputt. Ich leide wahrhaftig. Nichts bleibt mir erspart. Ich bin mit der Verachtung aller Kreatur beladen. Selbst die Hunde pissen mich an.

Darum will ich bekennen. Mein Innen vor euch auftun. Zwanzigmal dieses Elend wiederholen zu müssen ist schrecklich. Wozu auch? Und was gewinnt man damit?

Ich bin die Geliebte des Höllenkerls, jenes Lumpen, der die wahnsinnigen Jungfrauen bis auf die Knochen verderbt hat. Ein böser Geist ist er. Kein blasser Mitternachtsspuk, kein Hirngespinst. Mich aber, die ich den Verstand verloren habe, den Leib und die Seele, mich erwürgt er nicht . . . läßt mich zappeln an den Zangen der Verdammung. Wie sollt ich euch das verständlich machen; ich habe nicht einmal mehr die Zunge in der Gewalt. Ich traure mit dem tiefsten Schwarz, ich weine, habe Angst. Blase deinen Atem, ein wenig Frische in mein Gesicht, o Herr. Wenn du mir wohlgesinnt bist, laß dich nicht lange bitten darum.

Eine Witwe bin ich; eine höchst traurige Witwe. Einst war ich eine sehr ernste Frau und bin nicht geboren zu einem Skelett einzuschrumpfen.

Ein Kind war ich fast, als mich seine seltsamen Zärtlichkeiten verführten. Ich habe Ehre und Vater und Mutter vergessen, um ihm zu folgen. Welch ein Leben! Das wahre Leben ist nicht von dieser Welt. Niemand ist von dieser Welt. Deshalb muß ich hingehn, wohin er will. Ich muß einfach. O wie oft faucht er mich an. Sein Zorn ist gegen mich gerichtet, mich, die arme hilflose Seele. Ein böser Geist ist er. Nein, kein wirklicher Mensch.

Immer sagt er: »Ich mag die Weiber nicht. Die Liebe muß erst erfunden werden. O, das sagen hier unten viele. Sie wollen sich fürs Leben versorgen lassen; das ist es. Und haben sie dieses Dach überm Kopf, dann: Ade, Liebe! Seele und Herz liegen in der Gerümpelkammer. Obenauf sind nur Hohn, Knüppel und kalte Verachtung; das tägliche Brot der Ehe.

Aber ich kenne auch Frauen, ja, die gibt es, da sind alle Zeichen des Glücks sichtbar. Aus solchen hätte ich mir gute Kameradinnen machen können, vor allem verzehrt von sinnlichen Dämonen wie ein Scheiterhaufen.«

Ich muß mitanhören, wie er Gemeinheiten in Herrlichkeiten verwandelt. Aus Grausamkeiten blendende Reize macht –: »Ich bin von ferner Rasse. Meine Väter waren Skandinavier. Sie rissen sich mit dem Schwert die Seite auf, tranken ihr Blut.

Ich werde mir den ganzen Körper zerhacken, mich tätowieren lassen. Ich will häßlich wie ein gelber Mongole werden. Du wirst sehen: auf der Straße werde ich heulen, wie ein Amokläufer rasen. Zeige mir niemals Schmuck.

Ich werde auf dem Teppich auf allen Vieren laufen, mich bekotzen, den Bauch halten vor Lachen. Mein Reichtum soll blutbefleckt sein. Arbeiten mag ich nicht . . .«

Viele Nächte lang packte mich der böse Geist. Wir wälzten uns auf der Erde. Ich rang mit ihm, bis Kot kam. In manchen Nächten verkroch er sich in einem Torweg, hinter einem Möbelwagen, stellte sich betrunken und lachte mich aus, als ich den Zauber glaubte.

Ich schrie, wie wenn mir ein Messer an der Kehle säße. Er lachte, lachte!

Und dann die Tage, wenn er ausgeht, nach Blut riecht. Verbrechen auf der Stirn!

Manchmal spricht er mit zartsamen Silben vom Tode, der die Reue birgt, von unglücklichen Seelen, die wirklich existieren, von unmenschlichen Lasten, von Abschieden, die das Herz zerreißen. In den Spelunken, wo wir uns besoffen, heulte er, wenn er unsere Tischnachbarn, diese Haufen Elend und Märtyrer des Unglücks, betrachtete. Er hatte das Mitleid einer Mutter, die ihre Kinder züchtigt. Er ging mit der Scheinlichkeit und den Hintergedanken eines jungen Mädchens in die Katechismus-Stunde. Er tat, als wüßte er auf allen Gebieten Bescheid. Handel, Kunst, Medizin und Regierung schienen ihm geläufig zu sein.

Und deshalb folgte ich ihm. Weil ich mußte.

Ich sah all den Zierat, von dem er lebhaft phantasierte: Kleider, Stoffe, Schmuck, Möbel. Ich lieh ihm Waffen; das gab ihm ein anderes Aussehen. Ich sah alles, was ihn rührte, sentimental machte.

Wenn er über etwas nachdachte, träge und betrübt, folgte ich ihm weit in wundersame verzwickte Taten. Gute und Böse. Ich war sicher, nie in seine Welt einzubrechen. Wieviel Stunden in der Nacht habe ich neben seinem teuren Körper gewacht, wenn er traumlos schlief und nachdachte, warum er sich so dem wirklichen Leben entziehen wolle. Ich kenne keinen Mann, der je ein solches Begehren gehabt hätte. Ich erkannte, ohne ihn zu fürchten, daß er der Gesellschaft eine große Gefahr sein könne. Hat er wirklich einen geheimen Grund, sein Leben zu ändern? Nein, immer erklärte er mir, er suche nur eins.

So ist seine Liebe verzaubert und ich bin ihre Sklavin. Keine andere Seele brächte soviel verzweifelte Kraft auf, um das alles zu ertragen, um von ihm geliebt und geschützt zu werden.

Übrigens: eine Seele in diesem Mann habe ich mir denken können. S e i n e n Engel sieht man nur. Und nie den Engel eines fremden Menschen. Ich war in seiner anderen Seele wie in einem Schloß, das man völlig ausgeräumt hat, nur, um nicht so eine gemeine Person zu sehen wie mich. Das ist es. Ich hing in allem ganz von ihm ab. Aber was wollte er nur von meinem verpfuschten Dasein?

Er machte mich um kein Haar besser, wenn er mich nicht

sterben ließ. Niedergedrückt, zum Äußersten gereizt, sagte ich einmal zu ihm: »Ich habe dich durchschaut!« Er hob verächtlich die Schulter.

Mein Kummer ließ nicht nach. Immer neue Geschwüre brachen auf. In meinen Augen sah ich mich viel betörter, wie jene Augen mich sahen, die mich binden wollten, wenn ich nicht für alle Ewigkeit verdammt gewesen wäre: von allen Menschen vergessen zu werden. Ich dürstete von Tag zu Tag mehr nach seiner Güte. Unter seinen Küssen, im Taumel seiner Umarmungen – ja, das war ein Himmel, ein düsterer Gewitterhimmel, in den ich eintrat und wo ich wohnen wollte: arm, taub, stumm, blind. Ich hatte mich schon an ihn gewöhnt und sah uns als zwei gute Kinder, die ohne Sorge im Paradies der Traurigkeit lustwandeln. Wir verstanden uns. Tief bewegt arbeiteten wir Schulter an Schulter.

Einmal, nach einer Liebkosung, die mich sehr erschütterte, sagte er: »Wie komisch dir das vorkommen wird, wenn ich nicht mehr dort sein werde, wo du bist. Wenn du nicht mehr meine Arme unter deinem Nacken fühlen wirst, noch mein Herz, um darin zu ruhen, noch diesen Mund auf deinen Augen. Eines Tages werde ich wieder fort müssen, sehr weit fort. Dann muß ich anderen helfen; das ist meine gottverfluchte Pflicht. Freude werde ich nicht daran haben. Aber man muß, muß, teure Seele!«

Und gleich stellte er mir vor, daß ich in Ohnmacht fallen würde, wenn er fort wäre. Schreckliches Dunkel würde mich überstürzen. Vielleicht der Tod.

Er mußte mir versprechen, mich nicht zu verlassen. Er gab mir dieses Versprechen eines Geliebten wohl an zwanzigmal. Er tat es ebenso leichtfertig wie ich, als ich ihm sagte: »O, ich verstehe dich!«

Ich war nie eifersüchtig auf ihn. Ich glaubte ja auch, daß er mich nie verlassen würde. Gott, was sollte dann aus mir werden? Aber auch: was aus ihm? Er hatte ja keinerlei Kenntnisse; er wird sich nie zur Arbeit bequemen können. Geben ihm seine Güte und Barmherzigkeit allein ein Recht auf diese Welt? Zeitweise vergesse ich das Mitleid, das mich schwach macht. Er wird mich stark machen, wir werden reisen, in den Steppen auf Jagd gehen, auf dem Pflaster unbekannter Städte schlafen, ohne Sorgen und Qualen. Und ich werde aufwachen und andere Sitten und Gebräuche werden mich linkisch machen. Nun, er findet sich zurecht, der Zauberer. Vielleicht wird die Welt auch dieselbe bleiben, wird mich meinen Launen, Freuden, meiner Hantierung und meinen Träumen überlassen.

O, das bunte Abenteuer-Leben, wie es so schön in den bunten Kinderbüchern beschrieben steht, wirst du es mir geben, um mich zu entschädigen? Ich habe soviel im Leben gelitten. Ich verstehe nicht, was er träumt.

Er hat mir erzählt, daß er Mitleid und Hoffnung habe. Ich kann das nicht ernst nehmen. Hält er Zwiesprache mit Gott? Man sollte Gott um Rat fragen. Ich kann nicht mehr beten. Zu tief bin ich abgefallen von allen Heiligen.

Angenommen, er würde mir den Grund seiner Traurigkeit eingestehen –: verstünde ich sie mehr als seinen Sarkasmus? Er peinigt mich, hetzt mich, er bringt ganze Tage damit zu, mich mit allem, was mich auf der Welt erfreuen könnte, zu bestürmen, und wird grob und schlägt mich, wenn ich weine.

»Du siehst doch drüben den eleganten jungen Herrn, der in das schöne ruhige Haus tritt? Er heißt Duval, Dufour, Armand, Maurice; was weiß ich. Eine Frau liebte diesen Blödian abgöttisch. Sie ist gestorben und sicherlich eine Heilige im Himmel geworden. Du wirst mich umbringen, so wie er diese Frau umgebracht hat. Das ist unser Schicksal bei unserem wehmütig weichen Herzen.«

Ach, es gab Tage, wo alle handelnden Menschen ihm Spielzeuge mit verrückten Träumen erschienen, er lachte gräßlich lange. Dann benahm er sich wieder wie eine junge Mutter, wie eine zärtliche Schwester. Hätte er nicht zuweilen den Koller, wären wir gerettet. Aber auch seine Sanftmut ist Gift. Ich bin sein Sklave. Ich bin wahnsinnig.

Vielleicht wird er eines Tages auf sonderbare Weise verschwinden. Aber ich muß es wissen, wenn er seine Himmelfahrt beginnt. Ich muß ihn fliegen sehen.

Ein zu blödsinniges Zusammenleben ...:
Mein Freund und ich!

## Delirien II

*Alchemie des Wortes*

Hört zu –: das ist die Ballade einer meiner Verrücktheiten.

Seit langer Zeit brüstete ich mich damit, die seltsamsten Landschaften zu besitzen; denn ich fand die modernen Berühmtheiten der Malerei und Dichtung einfach lächerlich.

Ich liebte verrückte Bilder, über Türen abnorme Friese, Gauklerspiegel, Ankündigungen, volkstümliche, grell gemalte Stilleben, verstaubte Literatur, Gebetbücher in Schweinsleder, erotische Bücher in Kolportagestil, Romane unserer Urgroßmütter, Märchen, Kinderbücher, alte Opern, banale Refrains, Gassenhauer.

Ich träumte von Kreuzzügen, Entdeckungsreisen, zu denen man noch gar keine Beziehungen hat, Republiken ohne Geschichte, erstickten Kulturkriegen, Anarchie der Sitten, Umschichtungen ganzer Rassen und Kontinente, ich glaubte an alles, was abenteuerlich klang.

Ich erfand die Farben der Vokale –: A: schwarz; E: weiß; I: rot; O: blau; U: grün. Ich bestimmte die Form und Bewegung jedes Konsonanten. Mit noch nie dagewesenem Rhythmus schmeichelte ich mir eine poetische Sprache zu erfinden, die heute oder morgen in aller Munde sein wird. Ich behielt mir die Übersetzung vor. Zuerst war es eine Skizze. Ich schrieb die nie vernommene Stille. Ich hielt das Unsagbare fest. Ich faßte den Sinnentaumel.

Weitab von Dorfgemeinschaft, Mensch und Tier,
so tief im Heidekraut
und von Gestrüpp verbaut,
daß kaum der Himmel über mir
zu sehen war –: was hatte ich denn nur getrunken,
und Gott weiß, wo hinaus war ich gesunken?

Was konnte sich mir wie geweihter Wein
ausschenken fern von einem Haus,
an diesem Fluß mit Rüstern krumm und kraus,
in diesem nebelnassen Wolkenschein,
als Schweiß der Stirn und kühles Einsamsein?

Ich saß verloren wie in einem Heidekrug
und sprach an Gott vorbei,
indes der Wind das Gras mit Regen schlug,
und mit dem letzten Vogelschrei
auf einer Erde, die nur Schatten trug,
mein Herz verfinsterte zu fahlem Blei.
Weinend sah ich Gold – und konnte nicht mehr trinken.

In der Sommerfrühe gegen vier
schlafen Verliebte so schwer.
Noch das Gebüsch über dir
verflimmert vogel-leer.

Aber der Zimmermann
verließ schon das Bett,
ehe der Tag begann
und sägt Brett um Brett.

Mit nackten Armen schafft
er sein Tagewerk,
das die Stadt, schwarz verpafft,
überwölbt mit einem Sorgenberg.

Knechtet den Mann ein Betrug –:
Venus, gib du ihm die Macht.
Liebe hat lange genug
nur am Rand seines Herzens gewacht.

Gib, daß sich ein Weib
in Rosen über ihn streut,
und daß er, nicht nur zum Zeitvertreib
sich auf das Mittagbrot freut.

In meiner Alchemie des Wortes hatten die alten poetischen Gesetze großen Raum.

In einfachsten Halluzinationen sah ich sehr deutlich; hier eine Moschee, anstelle einer Fabrik, eine Music-Band von Engeln gebildet, Silberkarossen auf Sternstraßen, dort ein Schloß auf dem blauen Grunde des Ozeans, ekle Fabelwesen und grüne Geheimnisse. Selbst der Titel einer Posse sprang mir in die Augen wie ein schreckliches Geschehnis. Ich erklärte meine magischen Sophismen mit der Halluzination der Worte.

Schließlich schien mir das Chaos meiner Gedanken wie ein heiliges Wunder. Ich tat nichts, lebte wie in einem schweren Fieber, sah neidisch auf die Glückseligkeit der Tiere. Beschäftigte mich mit den Raupen, die die Unschuld des Vorhimmels symbolisierten, genauso wie die Maulwürfe den Schlaf der Jungfräulichkeit.

In meinem Charakter mischte sich Bitterkeit, ich sagte der alten Welt in einer Art Romanze froh Lebewohl:

## Gesang vom höchsten Turm

Welt, nach der ich hungrig bin,
zwischen Tag und Mitternacht –: beginn!

Immer habe ich mich bücken müssen,
immer lag ich abseits und allein.
Keinem mag ich mehr die Stirne küssen,
mein Gefühl ist härter noch als Stein.
... Ja, ich habe Mut bekommen,
ich bin schon ein Stück hinausgeschwommen.

Kinderland liegt weit zurück,
Blumen sind und Bäume mir gegeben.
Und ich weiß nicht, ist es Gnade oder Glück:
aus dem Hummelherd des roten Klees
mit den Lerchen heilig hochzuschweben
bis zu dem Gebirg des ewigen Schnees ...

Welt, nach der ich hungrig bin,
zwischen Tag und Mitternacht –: beginn!

Gern strich ich durch die Wüste, verdorrte Obstplantagen, verwahrloste Basare. Kaltes Mittagessen und laue Getränke waren mein Schwarm. Ich weilte gern in den stinkichten Gassen am Hafen, mit geschlossenen Augen nackt, schritt ich der Sonne entgegen, Gott des Feuers.

»Herr General, wenn ein altes Donnerrohr auf Ihren zerfallenen Wällen übrig bleiben sollte, beschießen Sie uns mit Erdklößen,

Steingeröll . . . immer hinein in die blanken Scheiben der Verkaufsläden. In die Salons! Lassen Sie die Stadt Lehm fressen, oxydieren Sie die Wasserleitung, schwängern Sie die Boudoirs mit feuerflüssigem Rubinstaub . . .«

Sieh dort den Kerzenstumpf auf dem Abort der Herberge; sieh wie er nach dem Bündel Lungenkraut an der Tür, nach dem Strahl der Mondsichel schielt!

## Hunger

Habe ich Hunger, so ist es nur der
nach Erde und Stein.
Wiesen und Wolken und Meer
können nicht strömender sein.

Zu leben: was fehlt mir denn noch?
Singsang der Gräser löscht kühl
Schwüle der Lungen. Ein Wasserloch
wird mir an Mühlen zum Pfühl.

Steine, von Bettlern zerteilt,
brechen wie Brot . . .
Den letzten Seufzer noch heilt
mitleidig der Tod.

Der Wolf in den Eichen erbrach
sich vor der Laubgewalt.
Aller Raubmut gibt nach,
wenn das Waldhorn erschallt.

Der Garten begehrt,
daß ihn die Ernte trifft,
doch ein Veilchen von Spinnen verzehrt,
wird Gift.

O, daß ich auf Salomos Stein
ausströme mein Blut
und, entzündet am Wein
ich satt bin und Flut.

Endlich, o Glück, Vernunft, konnte ich dem tiefblauen Himmel entrinnen! Das schwarze Dunkel schreckte nicht mehr. Ich lebte, ein goldener Funke des Feuers, in reinerer Natur. Ein Lächeln verklärte mein Antlitz. Ich tollte, bis ich lang hinschlug. Ich gewöhnte mir von nun an eine möglichst verrückte Ausdrucksweise an:

## Es ist ein Turm erhoben

Es ist ein Turm erhoben
hoch über aller Zeit.
Am Meer, das mit der Sonne
ausrann in Ewigkeit.

Wach auf, o graue Seele,
und singe laut das Lob
des Meeres und des dunklen
Gestirnes, das zerstob.

Besinge auch die Leiden,
die schwarze Mitternacht
der Sünden, die du oben
besiegst in harter Schlacht.

Die Erde muß verbluten,
nichts bleibt zurück von ihr.
Von Blumen und von Tieren
bleibt kaum Erinnerung dir.

Dein Feuer aber leuchtet,
von keinem Wind verweht,
den Toten noch in dunklen
Gewölben zum Gebet.

Du bist zum Turm erhoben
hoch über aller Zeit,
am Meer, das mit der Sonne
ausrann in Ewigkeit.

Ich wurde eine Fabel-Oper. Ich sah, daß alle Wesen schwer am Verhängnis des Glücks trugen. Tat bedeutet noch lange nicht Leben; höchstens eine Abart des Lebens, eine Entnervung, eine Spannung nach Sensation. Moral ist nur Schwäche des Gehirns. Mir schien: jedes Wesen lebte viele Leben. Dieser Herr da weiß natürlich nicht, was er tut; er ist ein Engel. Diese Familie da ist gemeine Hundebrut. Mit einigen Menschen plauderte ich ganz laut über irgendeinen Augenblick aus ihrem zweiten oder dritten Leben. So kam es auch, daß ich mich eines Tages in eine fette Sau verliebte.

Nicht eine Art der Tollheit, die man unbedingt hinter Schloß und Riegel setzt, ist mir entgangen. Ich könnte sie alle aufzählen; ich habe mir ein System zurecht gemacht.

Meine Gesundheit ging in die Brüche. Ich bekam Anfälle. Ich lag tagelang schlafschwer im Bett; und als ich erwachte, träumte ich die abgebrochenen Träume weiter. Der Tod hatte mich fest in den Krallen und auf einem Seitengang der Gefahren ruderte mich meine Schwäche an die Pole der Welt. Ich landete bei den Kimbriern, in der Heimat des Schattens und der magnetischen Gewitterstürme.

Ich mußte reisen, die Begeisterungen, die sich in meinem Gehirn gestaut hatten, von mir schütteln. Auf dem Meer, das ich unbändig liebte, wie wenn es mich von allem Schmutz hätte rein waschen sollen, sah ich das Kreuz der Tröstung aufsteigen. Ich war verdammt durch den Regenbogen. Das Glück war mein marterndes Verhängnis, mein schäbiges Gewissen, mein Wurm, mein Zerfall. Und immer der Kraft und der Schönheit geweiht zu sein, solch ein Leben wäre mir zu unabsehbar, zu gigantisch.

Das Glück –: sein Zahn, süß bis zum Tod, warnte mit jedem Hahnenschrei, in den dunkelsten Städten vor dem Christusbild in der Frühmesse, wenn man das »Ecce Dominus venit« singt.

O Tage, Bäume, Haus!
Ich habe nichts der andren Kreatur voraus.

Ich trinke froh das magisch-dunkle Gift
des Glücks, das jeden Heimatlosen trifft.

Ewig kräht der Hahn zum drittenmal,
immer sterben Heilige im Krankensaal.

Ich habe längst schon alle Hoffnung abgelegt
und steh im Regen, der die Straße fegt.

Da ziehen die Verstorbenen vorbei
mit Tschingdrabumm, Hurrageschrei:

Die schwarzen Schatten ziehn mich leise mit,
o Tschingdrabumm . . .! Ich halte Schritt.

Ich habe nichts der andren Kreatur voraus.
Weit hinter Tag und Baum bin ich zuhaus . . .

So, und das ist nun vorbei. Jetzt weiß ich, wie ich die Schönheit begrüßen muß.

*Unmöglich*

In meinen Knabenjahren –: wie flach lag der Himmel. Meine Wanderschaften flossen träge dahin, kein Wetter widerte mich an, ich saß auf dem Grabenrand und kaute Gras, ich schaukelte auf der Spitze eines Baumes, ich lauerte dem Fuchs auf, ich fraß Kräheneier. Ich war wunschloser als der edelste der Bettler; wie dumm war ich doch damals.

Kann man genügsamer sein? Ich hatte keine Heimat, keinen Freund, kein Mädchen; auch keine für die Nacht.

Teufel: ist das ehrbar, bürgerlich. Erst jetzt habe ich einen Blick dafür. Und könnte mich aufhängen vor Ärger darüber.

Habe ich nicht recht getan, daß ich meine Nachbarn verachtete? Mich kaputtlachte über ein Männchen, das keine Liebkosung versäumt; herumtrampeln möchte ich auf jenem Augenverdreher, der an der Reinlichkeit, Gesundheit und Lust der Frauen sich das Blut kühlt und Gottes ekelhaftester Schmarotzer wird. Nie schlagen die Frauen goldene Brücken zu uns hinüber. Sie nehmen uns nicht ernst. Weil wir alles versprechen und einen Dreck halten.

Habe ich nicht recht getan, daß ich diesen Mist von meinen Schuhen abkratzte und entwich?

Wohin bin ich entwichen?

Hier die Erklärung –: sperrt eure Ohren auf!

Gestern rauschten noch die großen Seufzer über mein Herz. Und da klang es: Himmel, wer zählt die Verdammten dieser Erde! Wie Maden wimmeln sie im Kot des Betriebes. Ich bin natürlich auch darunter. Nicht erst seit gestern. Darum kenne ich sie auch so gut. Wir kennen uns alle mit Vor- und Zunamen, wissen von unseren Lastern und tieferen Geheimnissen. Daß wir uns gegenseitig verabscheuen –: ist das so verwunderlich? Barmherzigkeit kennen wir nicht einmal dem Namen nach. Aber wir wahren die guten Formen. In unseren Gesichtern glänzt der blanke Firniß. Der Welt machen wir sorgfältige und erprobte abgemessene Verbeugungen. Unser Frackhemd ist ohne Fettflecken. Unser Ordnungsgott heißt: Knigge.

Wir sind Kaufleute, Geistigarme, Regierungsräte usw. Ich denke manchmal daran, wie uns wohl die Auserwählten empfangen mögen, es gibt zänkische und fröhliche Leute unter ihnen, manche von ihnen sind zu Unrecht auserwählt, mir wären die Marktweiber, die Strichmädchen, der Laternenanzünder und der Mann mit den Schlüsselringen vor der Bedürfnisanstalt viel lieber.

Sie haben kein Glas vor den Augen, aus ihren Schuhen dampft Schweiß.

Ich will gleich einen Schnaps mit diesem Pack saufen gehn. Meine zwei Pfennig Verstand sind mir nämlich wieder zurückgekommen. Ich merke, wie weit ab ich vom rechten Wege geirrt bin. Die Sümpfe des Abendlandes liegen mir mächtig in den Knochen. Ich bin müde. Es sieht so aus, als ob mein Geist gewillt wäre, mit aller Gewalt die Entwicklungsstufen, die der Menschenverstand seit dem Untergang des Abendlandes durcheilt hat, noch einmal zu erleben. Vielleicht kommt aber der Orient mit seiner ersten und ewigen Weisheit. Ich will mir sein Kommen schön blau ausmalen. Leider reichen meine zwei Pfennig Verstand aus dem Abendlande nicht dazu aus. Man muß ihn mit einer netten Droge auffrischen. Aus langen weißen Pfeifen: wie schön raucht sich Opium.

Nun darf ich alle Märtyrer auflesen und im plombierten Waggon dem Teufel schicken. Auch die ledernen Schatullen mit Kunst packe ich bei, die Patentrollen der Erfinder, das bürgerliche Gesetzbuch, das ehrbare W. C. Alles zum Teufel. Es lebe der Orient, der blutheiße, tänzerische, bissige und aussätzige!

Nur der Koran muß noch überwunden werden. An den habe ich nicht gleich gedacht. Ist er nicht auch grüne Galle gegen Wein? Gut essend und faulenzend auf dem Rücken in der Sommersonne liegen?

Das Christentum und der Koran – Brrr . . .!

Da ist doch alles wieder so reinlich in Paragraphen eingeteilt. Da läuft ein Haufen links um die Ecke und einer rechts. Da schlafen sie auf seidenen Daunenkissen und im fauligen Heu unter dem Stalldach.

Und da sagen die Philosophen: Die Welt hat kein Alter. Die Menschheit verändert einfach die Ställe. Ihr könnt den hungrigen Bauch mit Häcksel vollstopfen und doch an die gebratenen Tauben der Landschaft Eden denken. Euch kann der Vogel auf die Nase kacken und doch hört ihr das Flügelrauschen der Erzengel im himmlischen Chor der Erzväter. Schelte mir doch einer die Wissenschaft. Sie hat bestimmt die Anwartschaft auf den ewigen Wanderpreis des Obergötzen Baal.

Nur in meinen hohlen Kopf geht das nicht herein. Geist, sei auf der Hut! Ich habe mir die Schädeldecke schon wund gekratzt, auf gewaltsame Weise kommt man nicht weiter, ach was, diese Wissenschaft geht mir viel zu langsam.

Mein Geist, der schläft, soviel weiß ich. Er muß wach bleiben, dann würde ich bald zur Wahrheit gelangen, wenn er schon früher wach geblieben wäre, hätte ich mich nicht mit den tödlichen Instinkten abgegeben und würde heute schon mit der Weisheit als Wind, wer weiß wo, segeln.

Reinheit! Reinheit! Diese Minute der Erkenntnis ist es, die mir die Vision der Reinheit gegeben hat. Nur durch seinen Geist kommt man zu Gott.

Da sehe ich einen Marienkäfer auf der Hand. Gott hat ihm sieben Orden verliehen. Ich bin leer ausgegangen. Welch ein Unglück.

Aus dem silbernen Dunst der Wolke taucht
schon so tief der Sichelmond herauf und haucht
mit dem Wind der Stoppelfelder durch das Laub
weißen Frost und beißt die Blätter in den Staub.

Hoch im Giebelfenster stirbt das goldene Gesicht
der geliebten Mutter und sie kennt mich nicht,
wenn ich auf dem dämmerfahlen Gartenstück
rauchend näher träume – ein verrauchtes Glück.

Manchmal streift ein Sternenschweif die erloschene Spur
armer Welt . . . dann klingt vielleicht noch eine Uhr.
Aber blutigrot im schwarzen Astgewirr der Nacht
glüht das Feuer, das uns müde, immer müder macht.

## *Der Blitz*

Fron! Das ist die Explosion, die den Abgrund meines Lebens von Zeit zu Zeit aufgrellt.

»Alles ist vergänglich, nur nicht das Ich!« so salbadert die moderne Wissenschaft, vielleicht die ganze Welt sogar. Und doch purzeln die Kadaver der Bösen und Faulenzer auf das heiße Herz der andern. Rasch . . . Teufel, rascher! Jenseits des Lebens sind die wahren, die ewigen Vergeltungen. Werden wir die Prüfung bestehen?

Was kann ich dafür tun? Mir ist die Arbeit kein Geheimnis; aber die Wissenschaft tüftelt langsam. Daß die Gebete galoppieren und das Licht böse grollt: das bemerke ich. Wie einfach ist das, wie heiß wird man dabei. Die Welt rollt ohne meine Kraft vorüber. Mich bindet Pflicht des Gewissens; oh, so stolz bin ich darauf. Und schiebe sie einfach beiseite nach dem Beispiel der anderen. Mein jetziges Leben ist verbraucht.

Na schön! Versuchen wir es doch mal anders, – mit der Heuchelei, mit der Faulheit. Ich will mein Dasein leben und nützen, ich will mich vergnügen an unwahrscheinlichen Liebesabenteuern und phantastischen Welten-Träumen. Ich will über alles mich aufregen dürfen, mit den Schimären meiner Umwelt mich zanken. Ganz gleich ob es Seiltänzer, Bettler, Künstler oder Banditen – oder auch fromme Priester sind. Auf meinem Krankenlager habe ich wieder den Weihrauchgeruch einatmen müssen. Mir sind diese Bekenner und Märtyrer, die Gefäße der heiligen Wohlgerüche eingefallen, was für eine verkehrte Erziehung habe ich in der Jugend nur gehabt. Was ich noch will?

Ich will meine zwanzig Jahre, die ich vor mir habe, leben: so leben wie die anderen es auch tun.

Nein, Nein! Mich plagt jetzt erst einmal der Gedanke an den Tod. Ich empöre mich! Diese Arbeit, die jeder verrichtet, ist mir zu leicht. Sie ist mir eine zu kurze Marter, das wäre Verrat an meinem Weltbild. Mein Stolz bäumt sich gegen solche Lappalien auf, ich würde bestimmt nach links und rechts noch aushauen.

Aber dann, – liebe Seele hättest du dann endlich Ruh? Wärst für eine Ewigkeit nicht mir verloren?

## *Morgen*

Hätte ich doch ein einziges Mal nur eine liebenswerte, fabelhafte, schön-erlebte Jugend gehabt, die ich auf goldenen Blättern aufzeichnen könnte, das wäre schon ein großes Glück.

Um welcher verbrecherischen Schuld, um welchen Irrtums willen habe ich meine jetzige Schwachheit verdient? Ihr, die ihr behauptet, daß es Tiere gibt, die vor Leid schluchzen, daß Kranke an sich selbst zerbrechen, daß sogar noch Tote böse Träume haben, versucht doch auch einmal meine Abgründe und meine Wanderungen im Unterbewußten zu erzählen. Ich selbst kann mich darüber nicht so auslassen, ebensowenig wie die Bettler ihre Geschichte und dafür ewig ihr Pater noster und das Ave Maria herunterleiern. Ich kann nicht mehr sprechen.

Doch heute, so glaube ich, bin ich ans Ende gelangt mit der Erzählung meiner Hölle; die allbekannte Hölle, deren Pforten der Menschen-Sohn geöffnet hatte.

Aus der ständig gleichen Wüste, aus gleicher tiefer Nacht, immer erwachen meine müden Augen, wenn der silberbetaute Morgenstern am Firmament aufblitzt, immer wieder ohne daß es die drei Könige des Lebens rührt, diese Magier, das Herz, die Seele, der Geist. Wann werde ich endlich über alle Gestade und Berge hinweg, die Geburt der neuen Arbeit begrüßen können, die »neue Weisheit«, die Flucht der Tyrannen und Dämonen, das Ende einer abergläubigen Zeit, und anbeten – als allererster! – Weihnachten auf Erden?

Gesang des Himmels, Zug der Völker! Das wünschte ich: wann, wann? Sind wir auch ewig Sklaven, laßt uns das Leben nicht verfluchen!

## *Abschied*

Da riecht es wieder nach Herbst! Blätter fallen. Gewässer haben Haut. Ich werde unruhig.

Aber wozu um das bißchen weniger Sonne klagen? Ich jage nach der Entdeckung der göttlichen Klarheit, wir ... wir haben mit ihr nicht Schritt gehalten. Hinter uns: mögen die Bürger verrecken.

Herbst! Unser Kahn in dicke Nebel hineingestoßen, schaukelt dem Hafen des Elends zu. Eine Stadt taucht auf; die roten Türme halten den kotigen Himmel. Die Laternen bestauben den Haufen Lumpen, das regengetränkte Brot, den Suff, die Hurerei, den Tanz und die Andacht, die mich tausendmal gekreuzigt haben. Soll das ewig so dauern? Soll ich ewig so dahinsausen im schwarzen Regen der Traurigkeit? Immerzu fliehen vor diesem gespenstischen Weib, Königin von Millionen kranker Seelen und toter Leiber?

Ich werfe mich zur Abwechslung wieder einmal in den Spiegel. Das Glas ist sauber; die Putzfrau hat geschwitzt, als sie es abledert, damit ich mich besser beäugen kann.

Ja, das bin ich, der wilde Junge, mit dem abgefeimten Gesicht, den gemeinen Schultern, den barbarischen Händen. Und so sehe ich mich wieder: die Haut von Mist und Pest zerfressen; die Haare am ganzen Körper voll von Würmern, grüne Flecken am Bauch, Wasser in den Gelenken und rostige Nägel im Herzen.

Tausendmal hätte ich daran sterben müssen. Ich bin aber doch garnicht normal. Ich will nicht so langsam dahinfetten und mit der dicken Uhrkette spielen.

Es wintert. Die Bequemlichkeit besteigt den Thron. Es schläft sich gut hinterm Ofen bei Bratäpfeln und Politik. Und wenn der Bauch voll Wind ist, warum so zimperlich?

Auch draußen wirft der Sturm Bäume um.

So gehst du willig in den Winter. Aber ich brauche doch nicht dasselbe wie du zu tun.

Ich will den Winter nicht.

Manchmal entdecke ich am Himmel eine endlose Landschaft, bevölkert von weißen, festfreudigen Menschenmassen. Ein großes goldenes Schiff über mir bewegt seine bunten Wimpel im Morgenwind. Ich habe die schönsten Tanzfeste, Triumphe, Maskenbälle und alle Dramen der Welt geschaffen. Ich war auf der Suche nach schönen Blumen, neuen Gestirnen, neuem Fleisch, nie gehörten Sprachen. Ich glaubte, übernatürliche Kräfte zu besitzen. Ich schritt wie ein Pfau, aber nicht mit so dummem Gehirn.

Nun ist dieser Traum zerplatzt. Ich soll meine Inspirationen und meine Erfahrungen begraben. Der Dichter kann seinen Ruhm auf Eis legen.

Ich, den man Magier, Engel, Übermensch, Tier und weiß Gott noch wie tituliert hat, ich bin der Erde wieder zurückgegeben. Habe jetzt die Pflicht, die Wirklichkeit zu umarmen; den Pflug in die Erde zu stoßen, Obstbäume zu jauchen, Schweine zu schlachten und im Kuhstall die blatternarbige Magd zu küssen. Vielleicht werde ich noch ein ganz fetter und braun gefärbter Bauer, oder bin ich betrogen?

Der Schnee bläht sich in Barmherzigkeit. Der Tod ist nicht sein schönster Bruder.

Aber wen soll man um Hilfe angehn? Ich habe drei Freunde. Keiner will für mich Bürgschaft leisten.

Der Teufel soll das Gesindel holen.

Ja, die neue Stunde ist, ich bin dessen sicher –: sehr ernst. Jetzt kann ich sagen, daß ich gesiegt habe. Das Zähneknirschen, das Zischen der Flammen, die vermaledeiten Seufzer, alles das beruhigt sich. Auch die verpesteten angekränkelten Gedanken und Erinnerungen verblassen langsam.

Die letzten schmerzlichen Gefühlsregungen verschwinden. Ich kann dieses Bettelpack, diese Wegelagerer, Huren und Geizhälse nicht mehr riechen. Ich könnte sie vernichten, wenn ich wollte. Ich muß unbedingt ein Mensch von heute sein, muß modern sein. Darf kein Herz für Unterdrückte haben, das Zeitalter der Masse verfluchen, um den Strolch unter der Brücke einen Bogen machen. Den Vorsprung, den ich gewonnen habe, muß ich bewahren.

Harte Nacht!

Das eingetrocknete Blut rauscht in meinem Gesicht; nichts habe ich hinter mir als den feurigen Busch. Der Kampf des Geistes ist ebenso brutal und hart, wie eine richtige Männerschlacht, die Vision der Gerechtigkeit, das ist die wahre Lust Gottes. Aber noch bin ich nicht so weit, bin erst am Vorabend. Ich will alles aufgeben, was an Kraft und echter Zärtlichkeit auf mich einströmt. Dann werde ich, wenn die Sonne den Morgenhimmel zerreißt, einziehen in meine glanzvollen Städte.

Was sprach ich von Freundesland? Ich lache über diese alten lügnerischen Liebschaften.

Ich habe die Hölle der Frauen gesehen. Dort unten wo Kleider das Symbol der Unzucht sind.

Mehr darf ich nicht verraten. Die Seele unterjocht den Körper. Der Sommer hat nur seine Pflicht getan. Warum soll man ihn verdammen? Weil er nicht mehr blühen will?

Die Hölle kann auch von einer ganz anderen Seite her in mein Herz hereingebrochen sein. Es wird mir erlaubt sein, zu glauben, die Wahrheit in einem Körper und in einer Seele zu besitzen.

(Frühjahr 1873 bis Oktober 1873)

## Erleuchtungen

1872–1873

## Nach der Sintflut

In dem Augenblick, da der Gedanke der Sintflut ausgeronnen war, erhob sich ein Hase aus den Luzernen und windbewegten Glockenblumen und sprach, noch halb verschleiert vom Silberflor der Spinngewebe, sein Gebet zum Regenbogen.

Die Edelsteine des Taues funkelten noch verhalten ... o, und die Blumen begannen zu brennen.

An der staubigen Hauptstraße aber, da schlugen die Fleischer ihre Schlachtbänke auf. Die Barken glitten in das Wasser den fernen Meeren zu, die weit in die Ferne aufgestuft lagen wie auf bunten Gravüren.

Das Blut ward wieder vergossen, bei dem düsteren Ritter Blaubart, – in den Schlachthäusern, in den Zirkussen, wo Gottes feuerrotes Siegel die Fenster blind machte. Blut und Milch ward ausgegossen.

Der Biber trug fleißig Ast-Ruten zum Bau. In den Estaminets dampften üppig die »mazagrans«.

In dem großen, immer noch triefenden Hause ganz aus Glas suchten die Kinder traurig nach den verhüllten bunten Bildern.

Schrecklich knarrte die Tür. Auf dem großen Platz des Weilers drehte ein Knabe seine Arme und wurde verstanden von der Wetterfahne und den goldenen Hähnen auf den Türmen überall. Der Hagel begann herabzustreichen.

Eine Frau P. .. stellte ein Piano in den Alpen auf. Die Messe erscholl, und die Erstkommunion wurde an den hunderttausend Altären der Kathedrale gefeiert.

Karawanen brachen auf. In dem Chaos von Eis und Nacht der Pole entstand das Hotel Splendid.

Seitdem hörte Luna die Schakale sich heiser bellen durch die Thymian-Einsamkeiten. Durch die Obstgärten polterten in Holzschuhen die frommen Hirtengedichte.

Später, im violett leuchtenden Hochwald, dem vor Saft die Knospen platzten, sagte mir Eucharis, daß dieses der Frühling sei.

Teich, blauer, quill hervor, schäume, donnere über den Brückensteg! Fließe hinaus in die Wälder! Und ihr, schwarze Tücher und Orgeltöne, Blitze und Donner: steigt empor, rollt euch auf.!

O Wasser, bleigraue Traurigkeit –: macht euch bereit, seid rasend die Sintflut wieder!

Denn seitdem sie spurlos gegangen sind, meine Edelsteine tief in der Erde vergraben und die sanftäugigen Blumen: ist es eine Qual, zu leben! Und die Himmelskönigin, die holde Zauberin, die ihre Kohlenglut in irdenen Becken entzündet, wird uns nie mehr die Märchen erzählen wollen von den Wunderdingen, die sie erfahren hat und wovon wir nichts wissen.

## Kindheit

### I

Ein Götzenbild, mit schweren Augen und gelbem Haar, ohne Eltern und Vaterhaus, edler als mexikanische und flämische Sagen –: sein Teich sind unverschämtes Grün und Azur, es liegt an den Küsten der Fabel, inmitten der Meere, die keine Schiffe befahren, und trägt Namen von schauerlichem Klang, griechische, slawische, keltische Namen.

Am Waldessaum, wo die Traumblüten läuten, leuchten und funkeln, da sitzt das Mädchen mit dem Orangenmund, die Knie gekreuzt in der klaren Sintflut, die aus den Wiesen quillt. Ihre Nacktheit überwölben, schattieren und umhüllen die Regenbogen, die Blumengärten und das Meer.

Frauen, die auf den Terrassen am Meer lustwandeln, kleine Mädchen und Riesinnen, stolze Ungarinnen in graugrünen Schlingpflanzen, Kleinodien, ausgestellt auf dem saftigen Humus der Gebüsche und der taufrischen Gärten, junge Mütter und große Schwestern mit Augen voll Wanderungen, Sultaninnen, Prinzessinnen, herrisch im Gang und Gewand, fremde kleine Mädchen und Kußmäuler, die süß schmachten.

Wie ist doch so traurig das Geflüster: »Armes Kind! Liebes Herz!«

### II

Da liegt der kleine Tote hinter den Rosenbüschen. Die junge abgeschiedene Mutter wankt die Treppenstufen hinab. Die Kalesche ihres Vaters rasselt und knirscht auf dem Kies. Der kleine Bruder, er ist weit in Indien irgendwo, kniet vor dem Sonnenaufgang im Nelkenbeet und die Alten ruhen unter den

Levkojen, ganz gerade ausgestreckt. Ein Wirbel von goldroten Blättern stiebt um das Haus des Generals. Sie sind hoch im Mittag. Man muß sich von der rostigen Straße führen lassen, da ist das leere Heim endlich da. Das Schloß ist zu verkaufen; die Rolläden sind heruntergelassen. Der Pfarrer hat den Schlüssel der Kapelle an sich genommen. Die Wächterhäuschen rund um den Park modern. Das Gitter ist so hoch, daß man dahinter nur die uralten Bäume sieht. Nichts anderes mehr. Die Wiesen steigen zu den Weilern empor, die ohne Hähne sind und keine Schmieden haben. Die Schleuse hält kein Wasser mehr auf. Und die Kalvarienkreuze und die Mühlen dieses ausgeräumten Ortes, die Inseln und Heuschober verdämmern in neblichter Einsamkeit.

Märchenblumen geistern im Seufzertakt auf den Abhängen. Tiere, märchenhaft schöne, mit Urtiefen in den Augen laufen zerstreut umher. Wetterwolken ballen sich, ziehen zum Meer, dem Seufzer von warmen, ewigen Tränen.

III

Es ist ein Vogel im Wald. Wenn er singt, mußt du stille stehn und wirst rot.

Es ist eine Uhr, die nicht schlägt.

Es ist ein Schneeloch mit einem Nest weißer Tiere.

Es ist eine Kathedrale, die versinkt, und ein See, der überläuft.

Es ist ein kleiner Wagen, verlassen im Buchenholz; oder er rollt den Fußpfad hinauf, mit Bändern geschmückt. Es ist eine Truppe kleiner Komödianten in närrischen Kostümen: man sieht sie auf der Straße, die den Wald schneidet.

Aber wenn du Hunger und Durst hast, dann ist einer da, der dich davonjagt.

IV

Ich bin der Heilige im Gebet auf der Terrasse. Und die Tiere weiden bis zum Meer von Palästina.

Ich bin der Weise im dunklen Lehnstuhl. Zweige und Regenschauer schlagen an die Fenster des Büchersaals.

Ich bin der müde Wanderer auf der Landstraße durch die Tangwälder. Das Rauschen der Stauwehre übertäubt meine Schritte. Ich muß lange in die schwermütige goldene Länge des Sonnenunterganges schauen.

Ich möchte das verlassene Kind auf der Mole sein, die ins hohe Meer hinausläuft, möchte der kleine Diener sein, der die Allee entlanggeht, wo die Bäume die Stirn des Himmels streifen.

O wie hart sind alle Wege. Auf den Hügeln wuchert der Ginster. Die Luft steht gläsern. Wie weit sind die Vögel und Quellen! Das kann nur das Ende der Welt sein, das immer näher kommt.

V

Wäre meine Wohnung doch endlich ein Grab, getüncht, auszementiert, viele Klafter unter der Erde.

Ich stütze die Ellenbogen auf den Tisch, grelles Lampenlicht fällt auf die Zeitschriften, die ich stumpfsinnig immer wieder lese, auf die Bücher, schal und abgebraucht.

In unermeßlicher Höhe über meinem unterirdischen Saal stecken die Häuser der Erde, dösen die langsamen Nebel. Der Dreck ist rot oder schwarz, Riesenstadt! Nacht ohne Ende!

Weniger hoch faulen die Abwässer. An den Seiten nichts als die Breite der Erdkugel. Vielleicht Abgründe von Azur, Feuerschächte? Vielleicht begegnen sich in diesen Moränen alle Kometen, Monde, Meere und Mythen.

In den Nachtstunden des Grams stelle ich mir Kugeln vor, aus Saphir, aus Metall. Ich bin der Magier des Schweigens. Ich bin der Atemzug der Stille. Ein Kellerloch hinten im Winkel der Wölbung, warum verblaßte der Schein . . . mein fröhliches Herz?

## Märchen

Einen Prinzen verdroß es, daß er nie etwas anderes als alltägliche Großmütigkeiten vollbracht hatte. Er sah erstaunliche Umwälzungen der Liebe voraus und hatte seine Frauen im Verdacht, daß sie vielmehr vermöchten, als die übliche Willfährigkeit, die Himmel und Luxus anmutig gestalten. Er wollte die Wahrheit sehen, die Stunde des Begehrens und die der Erfüllung. Mochte dieses Verlangen ein Abirren von jeglicher Vernunft und Sitte sein oder nicht: Er wollte es so. Und er besaß dafür eine Macht ohne Grenzen.

Er ließ alle Frauen, die ihm etwas gewesen waren, ermorden. Der Garten der Schönheit wurde wüst und leer, die Frauen aber segneten ihn noch unter dem Schwert des Henkers. Er rief keine neuen herbei, doch die Frauen erschienen immer wieder. Er ließ sein ganzes Gefolge nach der Jagd oder dem Gelage ermorden. Alle aber folgten ihm dennoch nach. Er fand eine höllische Lust darin, seine Lieblingstiere zu erwürgen. Er ließ die Paläste in Flammen auflodern. Er stürzte sich auf die Sklaven und hieb sie mit dem krummen Säbel in Stücke.

Die Menge, die goldenen Dächer und die schönen Tiere verschwanden nicht.

Kann Zerstörung beglücken, Grausamkeit verjüngen? Das Volk murrte nicht. Denn niemand in der Welt bot ihm ein ähnliches Schauspiel.

Eines Abends galoppierte der Prinz stolz durch den Park. Ein Genius erschien, von unbeschreiblicher, ja nicht zu gestehender Schönheit. Aus seinem Antlitz und seiner Körperhaltung strahlte die Verheißung einer vielfachen, allumfassenden Liebe, eines unsagbaren, ja untragbaren Glückes.

Der Prinz und der Genius wurden zunichte, der Prinz in der Blüte seiner Gesundheit. Wie hätten sie daran auch nicht sterben können? Sie starben zusammen.

Aber jener Prinz verschied in seinem Palast in einem Alter, wo jeder Mensch sterben muß. Der Prinz war der Genius, der Genius der Prinz.

Unserem Begehren fehlt nun einmal die wissende Musik.

Es sind sehr handfeste Burschen. Viele haben eure eingebildete Welt bereits unsicher gemacht. Sie sind bestimmt nicht darauf aus, ihre eigenen Fähigkeiten zu entwickeln und die Erfahrungen, die sie mit eurem tierischen Ernst gemacht haben, auszunutzen. Aber sind das bereits reife Menschen? Die Augen stumpf wie eine Sommernacht, rot und schwarz, dreifarbig, weil sie blitzen wie Stahl, der mit goldenen Sternen beschlagen ist. Verzerrte Visagen, bleigrau, fahl, ausgebrannt, mittendrin närrische Heiterkeit. O grausamer überschätzter Nichtigkeiten! Unter ihnen einige, sehr jung, (wie würde sie ein Cherub betrachten?) mit schreckerregenden Stimmen und mit gefährlichen Tricks begabt. Man läßt sie, ausstaffiert mit widerlichem *Luxus*, auf das Stadt-Leben los, damit sie dort den Buckel voll kriegen.

Ihr Glück ist das Paradies der tollsten Grimassen. Kein Vergleich mit euren harmlosen Gauklern und gefeierten Theaterhelden. In flüchtig zusammengestoppelter Montur, im Stil schlechter Flimmerträume, spielen sie Moritatensänger, Vagantenschicksal und das Leben von Halbgöttern – etwas, was es garnicht gibt. Chinesen, Hottentotten, Zigeuner, Idioten, Hyänen, Moloche, greisenhafte Besessene, unheimliche Dämonen stellen sie dar mit publikumswirksamer Kindlichkeit, in gespreizter Offenheit und zuckersüßer Pose. Wie gerne würden sie auch ganz neue Themen zur Sprache bringen: von »gefallenen Mädchen« und so. Im Lied macht sich das sehr gut. Meisterhafte Taschenspieler, die sie zweifellos sind, verwandeln sie Ort und Personen und suggerieren große Ideen, die keine sind. Ihre Augen flackern, das Blut singt, die Knochen dehnen sich zur grotesken Verrenkung, die Träne und der rote Faden rinnt. Ihre spaßigen Verführungen und schrecklichen Zuckungen dauern Minuten oder ganze Monate. Ich allein besitze den Schlüssel zu solchem wilden Narrenspiel.

## Antike

Liebreizender Sohn des Pan!

Um deine Stirn, bekränzt mit Blumen und Beeren, wandern die kostbaren Glutperlen deiner Augen. Flecken brauner Flechten wuchern auf deinen Pausbacken. Wie eine Zither ist deine Brust gebaut, und durch deine blonden Arme rieseln die Töne. In diesem Bauch, wo ein doppeltes Geschlecht schläft, schlägt hellheiß dein Herz. Wandle umher ... weit durch den Park, sanft diesen Schenkel hebend, kühner diesen zweiten und die Fußspitze zur Linken.!

## Being beauteous

Im weiten Schnee, o, ein schönes Wesen von hoher Gestalt. Aus Todesröcheln und Kreiselwellen gedämpfter Musik steigt dieser holde Körper empor und wiegt sich und zittert wie ein Gespenst; scharlachschwarze Wunden leuchten aus dem blühjungen Fleisch. Die klaren Farben des Lebens dunkeln nach und lösen sich flimmernd von der Erscheinung. Die Schauer schwellen an und rollen, und der rasende Geschmack dieser Erscheinungen, verstärkt noch durch das Todesröcheln und die heisere Musik, die die Welt so weit hinter uns auf unsere Schönheitsmutter schleudert. – Sie weicht im Sprunge zurück und richtet sich wieder auf. Oh, unsere Gebeine sind wieder bekleidet mit einem neuen liebefühlenden Körper.

O das blasse Antlitz, das Rückenschild der Haare, die Arme aus blitzendem Kristall.

O du Bild ohne Makel, dem ich Wurm anbetend zu Füßen stürzen muß durch das flirrende Gewirr der Bäume und der leichten Luft!

## Leben

### I

Die ungeheuren Straßen des gelobten Landes, die heiligen Tempelterrassen!

Was ist aus dem greisen Brahmanen geworden, dem ich zu Füßen saß und von dem ich mir die Sprüche der Weisheit erklären ließ?

Manchmal sehe ich von dort noch die Runzel-Alten kommen, die ihr Wissen auf den hohen Stirnen tragen. Ich gedenke der silbernen Nächte und der Sonnenstunden an den Flüssen, der Hand der Geliebten auf meiner Schulter und unserer Küsse, als wir in den Pfeffer-Ebenen bunt umschlungen standen.

Ein Zug von Scharlachtauben umflattert meine Gedanken. Hierher verbannt habe ich ein eigenes Theater gehabt und ließ die dramatischen Meisterwerke aller Welt-Literaturen darauf spielen.

Ich werde auch unerhörte Reichtümer kund tun. Ich behüte die Legende der Schätze, die eure Urahnen gefunden haben. Meine Augen dringen noch tiefer.

Doch meine Weisheit ist verachtet wie das Chaos. Aber was ist mein Nichts gegen die Verstumpfung, die für euch bereit steht?!

### II

Ich bin ein Erfinder. Ich bin verdienstvoller als alle meine Vorgänger. Ich bin ein Musiker, der den Schlüssel der Liebe aufgefunden hat.

Aber jetzt bin ich noch der Edelmann eines mageren Landes mit nüchternem Himmel und will reich werden, wenn ich der armseligen Kindheit, der Lehrzeit, der Gänge in Holzschuhen, Streitigkeiten, fünf Witwenschaften und einiger Hochzeiten, gedenke, wo mein starrer Kopf mich davor bewahrt hat, einem Kameraden der gute Freund zu werden.

Ich bedaure nicht das alte Erbteil göttlichen Lachens; die nüchterne Luft dieses Landes verstärkt noch meine trotzigen Zweifel.

Doch da dieser Zweifel nie andere Tat werden kann, und weil ich in jede neue Wirrnis tauche, wird mir nichts anderes blühen als ein Narrentum zwischen Trauer und Lachen.

III

In einem Speicher, wo ich mit zwölf Jahren eingesperrt war, habe ich die Welt kennen gelernt, habe ich die menschliche Komödie in allen Richtungen erfahren.

In einer Vorratskammer lernte ich die Weltgeschichte. Bei einem nächtlichen Fest in einer dunklen Stadt des Nordens, habe ich alle Frauen der alten Maler getroffen.

In einer alten Passage in Paris hat man mich in den klassischen Wissenschaften unterrichtet. In einer fabelhaften Wohnung, angefüllt mit allem Prunk des Orients, konnte ich mein strotzendes Werk vollbringen in der Zurückgezogenheit, die ich mir wünschte.

Ich ließ mein Blut ausgären, habe meine Pläne vollenden können und brauche mich nicht einmal daran zurückzuerinnern. Ich bin wirklich jenseits vom Grab und der Sorge ums liebe Brot.

## Abfahrt

Genug gefahren. Gesichte hatte ich überall.

Genug besessen. Lärm der Städte, am Abend in der Sonne, auf allen Straßen und jederzeit.

Genug erlebt. Alle Hemmungen des Lebens. Lärm und Gesichte.

Abfahrt in der neuen Liebe und im neuen Lärm und Gestank.

## Rote Katze

Die Kirschen haben in das frühe Gras ihre blanken Silberschuppen gestickt, und Bübü ist eine Katze. Ich setze einen Kuß auf ihren Nacken, und die Zähne schmecken nach Blut. Ihr Mund aber schmeckt nach allen Süßigkeiten. Dafür muß ich zur Strafe den Ziegenstall ausmisten. Und drei Rosenkränze beten und die neuen Zaunpfähle mit Teer bepinseln ... das ist eine zu harte Bestrafung für das kurze Spiel mit der roten Katze.

Meine Katze Bübü!

Ich will sie auch garnicht mehr wiedersehen. Im Holunder hinter dem Ziehbrunnen habe ich mein heimlichstes Zelt gebaut. Ein Salamander hat sich auf meinen Schoß gesetzt. Ich erzähle ihm ein Märchen von den Menschen ohne Kopf in Amerika. Sie haben aber doch einen Kopf, der ist mit schwarzer Tusche auf den Bauch gemalt. Ich glaube nicht, daß die alten Bilder lügen. Aber als ich Bübü einmal einen Kopf auf den Bauch malen wollte, hatte sie eine so große Angst vor den Salamandern, die hier wie die tausendfältigen Ableger von einem Teufel herumkrochen. Mein Salamander hat zwölf rote Punkte auf dem Bauch. Bübü hat nur einen. Und den möchte sie vor mir immer verstecken, weil ihre Mutter das so will ...

Meine Mutter und Bübüs Mutter möchten, daß wir später einmal heiraten, obwohl meine Mutter die roten Katzen nicht leiden kann. Aber Bübüs Mutter hat die große Meierei auf dem Lehmhügel. Und Bübü hat keine Geschwister mehr. Und ihr Haar ist so katzenrot wie die Gesichter auf dem Bauch der Salamander.

Bald kommen die Fledermäuse von den hohen Walnußbäumen herab. Auf dem steinigen Acker flattern die grauen Vögel der Nacht. Ich habe in der Holunderlaube meinen Traum vergessen.

Unter der Lampe ist nur Zeit, das Brot zu brechen. Ein blaues Tier stößt sein Gebiß in die Fensterscheiben.

Ich darf nicht hinsehn, wenn die Mutter das Abendgebet spricht. Vielleicht glaubt sie: es ist Bübü.

Es ist ein langweiliger Abend unter der Gebetlampe. Und die roten Katzen schreien die ganze Nacht auf den Feldern zwischen Klee und wilden Kamillen.

## Königtum

An einem schönen Morgen, bei einem sanftmütigen Volk, rief ein Mann eine Frau, herrlich anzuschaun auf dem weiten und breiten Markt: »Hört, ihr Freunde, ich will, dieses Weib soll Königin sein!« Sie lachte und bebte. Und er sprach zu den

Freunden allen von göttlicher Offenbarung und von vollendeter Prüfung.

Und sie schmiegten sich küssend eins ans andere.

Und sie waren Könige einen ganzen Morgen lang unter dem roten Baldachin über den Häusern. Und den langen Nachmittag, wo sie nach Palmengärten gingen.

## An eine Vernunft

Ein Schlag mit deinen Knöcheln auf das Trommelfell läßt alle Töne erklingen und ist der Beginn einer neuen Harmonie.

Ein Schritt von dir ist die Auferweckung der neuen Menschen und ihr lebendiger Aufbruch.

Du wendest dein Haupt: eine neue Liebe ist da! Du wendest abermals dein Haupt: und eine neue Liebe ist da!

Die Kinder singen zu dir empor: »Tausche unsere Lose, siebe die Plagen, aber zuerst die Zeit!«

Und sie flehen zu dir: »Auferbaue wo du willst den Tempel unseres Glücks und unserer inbrünstigen Wünsche.« Ereignis jeden Augenblick, enteilst du in alle vier Winde.

## Morgen der Trunkenheit

O mein Gut! O mein Schönes! Trotziger Jubelruf, wo ich nie strauchle! Zauberhaftes Gestäng! Hurra dem maßlosen Werk und dem fabelhaften Körper zum erstenmal!

Das begann mit dem süßen Gezwitscher der Kinder, das wird mit ihnen auch enden. Diese magische Droge wird in allen unseren Adern bleiben, selbst wenn der Jubel zerrinnt und wir wieder zurückfallen in die alte gallige Zerrissenheit.

O jetzt!: So würdig dieser Qualen! Erneuern wir mit Inbrunst das übermenschliche Versprechen, das wir unserem Körper und unserer Seele, den wiedererstandenen, gelobt haben, dieses Versprechen, diesen Widersinn. Die Eleganz, das Wissen, die Kraft! Man hat uns versprochen: den Baum des Bösen und des Guten zu begraben im Schatten; zu verbannen die tyrannische Schicklichkeit, auf daß wir mit der geläuterten Liebe noch einmal beginnen.

Das begann mit Ekel und das endet, weil es uns nicht allsogleich in den Besitz dieser Ewigkeit setzen kann, das endet, o ja: mit einem Gewirr von betäubenden Düften. O Kinderlachen, Unterwürfigkeit der Sklaven, falsche Scham der Jungfrau, Abscheu vor den bunten Bildern und Dingen der Welt: Geheiligt seid ihr durch das Gedächtnis dieser bitterweichen Nachtwachen. Das begann mit allen Ungezogenheiten und sieh, es wird am Ende ein Ausklang mit Engeln von Flammen und eine kleine Nachtwache der Trunkenheit, heilige!

Und wärst du es nur für die Larve, die du uns verliehen hast. Wir lieben dich, du Gebot!

Wir vergessen nicht, daß du gestern alle Jahreszeiten unseres Lebens verklärt hast. Wir glauben an die Wirksamkeit des Giftes. Wir wissen, wie wir das Leben leben müssen, alle Tage.

Und nun öffnet den Mördern die Tore!

## Sätze

Erst wenn die Welt verwandelt ist in einen tiefdunklen Wald für unsere erstaunten Augen, in einen Strand für zwei gläubige Kinder, in ein tönendes Haus für unsere reine Seelengemeinschaft –: dann, o Herz, werde ich dich finden!

Und gäbe es auf der Welt nur einen einzigen stillen, gütigen Greis, umgeben von allen Reichtümern des Glücks – o, ich läge vor dir auf den Knien.

Und hätte ich alle deine Wünsche verwirklicht – ich wäre diejenige, die dich knebeln könnte mit den Haarflechten und ersticken.

Und wenn wir stark und niemand mehr sind, wer ängstigt zurück? Und sind wir sehr lustig: wer stürzt ab ins Lächerliche? Aber wenn wir auch schlecht sind, was will man mit uns beginnen? Putze dich, zu, tanze und lache!

Nie werde ich die Liebe auf die Gasse hinausschreien können. Freundin, Bettlerin, Ungeheuer von einem Kind. Wie ist dir das alles so gleichgültig, jene unglücklichen Frauen, jene Tagelöhner und meine Verlegenheit. Geselle dich zu uns mit deiner unmöglichen Stimme, ja, mit deiner Stimme. Einziger Tröster in der Einöde der Qual. Dunkelwolkiger Julimorgen. Rauch birgt die Luft; Geruch nassen Holzes im Herd; die welken Blumen, die Barbarenspuren der Spaziergänge, der feine Regen der Wasserläufe über die Felder, die Spinnenfäden zwischen den Bäumen.

Das Seufzen der Frösche im Farn: warum nicht schon das Weihnachtsspielzeug und der Weihrauch der hohen Messe?

Ich habe Seile gespannt von Kirchturm zu Kirchturm; Girlanden von Fenster zu Fenster, goldene Ketten von Stern zu Stern, und tanze.

Der erhabene Weiher raucht fort und fort. Welche Hexe will wach werden im weißen Dämmerschutz? Violettes Laub, von welchen Bäumen fällt es?

Nachdunkelnd den Geschmack von Tusche, rieselt schwarzer Puder auf meine Nachtarbeit. Ich drehe die Lichter des Kronleuchters ab, und, dem reinen Dunkel zugekehrt, sehe ich euch, meine geliebten Mädchen, euch, meine weißen Königinnen!

Der Wasserfall donnert hinter den Kirmesbuden. Lampions wandern durch die Gärten und Alleen am geschlängelten Bach; sind die grünen und roten Farben der Nacht. Horazische Nymphen mit Frisuren des ersten Kaiserreichs. Sibirische Tänze. Dorfgesänge. Biegsame Ägypterinnen, Schattenspiele von Boucher.

## Arbeiter

O dieser Februarmorgen, so warm, so hell! Alle bitteren Erinnerungen an unsere quälende Armut, an unser junges Elend rief der ungestüme Südwind wach. Meine Henrika hatte einen Wollrock an, weißbraun kariert, ein Stück, das aus dem achtzehnten Jahrhundert war. Und ein Häubchen mit Bändern trug sie und hatte ein seidenes Halstuch um, das war noch trauriger als ihrer Seele Trauer.

Wir spazierten so für uns hin auf der Landstraße. Der Himmel hing voller Wolken, und dieser lästige Südwind machte in den verwüsteten Gärten und versumpften Wiesen häßliche Gerüche frei.

Mein Blut ging müde, meine Frau pfiff sich ein Stück. In einer Pfütze, Überrest der Überschwemmung vom Vormonat, auf einem hochragenden Grenzrain, zeigte sie mir einen winzigen Silberfisch.

Rauch und Fabriklärm der Stadt folgen uns noch lange nach. O diese andere Welt, das selige Hausen im Himmel und die duftkühlen Schatten vom Baum.

Der Südwind rief mir die elenden Geschehnisse meiner Kinderjahre zurück, meine Sommerverzweiflung: wie entsetzlich viel Kraft und Wissen mir das Schicksal von Anbeginn schon genommen hat. Nein, wir werden den Winter in diesem Land voll Gier und Geiz nicht verbringen. Wir werden hier immer nur zwei verlobte Waisenkinder sein dürfen.

## Brücken

Graue Himmel aus kaltem Glas. Bizarr zeichnen sich die Brücken ab. Diese sind gerade, jene flach gewölbt, andere abschüssig, in stumpfen Winkeln die ersten schneidend. Und dann erst die Formen, immer wieder sich erneuernd in den Spiegelbildern des Kanals. Und die ganzen Massen so lang und so leicht, daß die Bäche mit Bogengängen beladen, erst weit, weit in der Ferne verschwinden. Andere Brücken tragen Masten, Signalstangen und spinnfädendünne Geländer.

Moll-Akkorde flöten dahin, kreuzen sich; Taue steigen aus den Barken auf.

Eine rote Weste sieht man, manchmal auch andere Gewänder. Dann und wann blitzen Musikinstrumente.

Wenn sie tönen, sind es Volkslieder, die großen Finale von Kammer-Konzerten, ist es ein Verklingen von National-Hymnen?

Das Wasser zieht träge, blaugrau und breit wie ein Meeresarm. Ein blonder Strahl, weißblitzend plötzlich vom hohen Himmel, verscheucht den Spuk!

(Alte Fassung)

## Die Brücken

Es ist ein grauer Kristall-Himmel! Welch ein wunderliches Liniengewirr von Brücken, die eine gerade, die andere gebogen, einige im schiefen Winkel, die anderen auf die ersten herabsteigend. Diese Figuren spiegeln sich in den Krümmungen des Kanals wider, aber so leicht und lang, daß die Ufer, besetzt mit Domen, sich senken und verschwinden. Einige dieser Brücken sind auch mit altem Gemäuer beladen.

Andere tragen Maste, Signalstangen und Drähte, dünne zerbrechliche Geländer. Moll-Akkorde kreuzen sich und schweben im Wasser. Saiten steigen aus den Böschungen auf. Jetzt unterscheidet man ein rotes Wams und andere Kostüme. Musikinstrumente. Sind das volkstümliche Weisen, Bruchstücke hochherrschaftlicher Konzerte, Überbleibsel von Hymnen fremder Völker? Das Wasser aber fließt grau und blau dahin wie ein Arm des Meeres.

Ein weißer Sonnenstrahl, der aus des Himmels hohem Fenster fällt, vernichtet Musik, Komödienspiel.

## Stadt

Ich bin für einen Tag der wirklich nicht so unzufriedene Bürger der Hauptstadt.

Sie gilt als ein Musterbeispiel des Städtebaus. Jeder bekannte Stil im Äußeren und in der Einrichtung der Häuser wie auch im Schnitt der Straßen ist hier vermieden. Hier würdest du keine Spur von irgendeinem Bauwerk des Aberglaubens entdecken. Die Sittengesetze und die Sprache sind auf ihren einfachsten Ausdruck gebracht, endlich!

Diese Millionen Menschen, die nicht das Bedürfnis haben, einander zu kennen in guten Nachbarschaften und dergleichen, treiben Erziehung, Beruf und Altwerden so gleichartig, daß ein solcher Lebenslauf bei weitem kürzer sein muß, als die tolle Statistik für die Völker des Kontinents annimmt.

Und so zischen denn, während ich vom Fenster aus neue Gespenster sich vorüberwälzen sehe, durch den trägen ewigen Kohlenstaub – unseren Waldschatten, unsere Sommernacht – neue Erinnyen vor meinem Landhaus, das mein Vaterland ist und mein ganzes Herz, da alles diesem hier gleicht, – der hartherzige Tod, unsere rüstige Tochter und Magd, ein verzweifelter Amor und ein kleiner Frevel im Straßenkot.

## Wagenspuren

Zur Rechten ist alles schon in Bewegung. Da weckt die sommerliche Morgenröte die Blätter und Nebeldünste und Geräusche dieses Parkwinkels und die Böschungen zur Linken halten in ihrem violetten Schatten, welcher nicht fällt und nicht steigt, die tausend raschen Wagenspuren der feuchten Straße.

Feenspiele dämmern vorüber. In Wirklichkeit: Wagen beladen mit Tieren aus goldenem Holz, mit Masten und bunt bemalter Leinwand, im gestreckten Galopp von zwanzig gescheckten Zirkusgäulen und Kinder und Männer auf abenteuerlichen Tieren. Zwanzig Fuhrwerke, voll Tannen und Fahnen und blumenbekränzt wie die alten Karossen oder in grauverschollenen Märchen voll mit Kindern festlich geputzt für ein Schäferspiel unter der Dorflinde.

Sogar Särge drohen unter den Nacht-Baldachinen mit den Wölbungen aus Ebenholz und streichen im Trab der großen blauen und schwarzen Stuten vorbei.

## Städte

I

Das sind die großen Städte! Das ist ein Volk, für das sich diese Alleghanyberge und Libanons aus Traum aufgetürmt haben. Schweizerhäuschen aus Glas und harzigem Holz bewegen sich auf unsichtbaren Schienen und Rollen. Die uralten Krater, umsäumt von Mammutfiguren und kupfernen Palmen, hüllen melodisch in den Feuerschlünden. Auf den schwebenden Kanälen, hinter den Schweizerhäuschen, jubeln Schäferfeste und Hochzeiten, Glocken wehklagen in den Schluchten. Scharen riesenhafter Sänger schwärmen herzu in brokatenen Gewändern und mit Purpurfahnen; die funkeln im Seidenglanz wie das Abendlicht auf den schneeigen Wipfeln. Von den Altanen inmitten der Felsentäler trompeten die Rolande ihre Heldenseufzer. Auf den Böden des Abgrunds und den Dachgärten der Herbergen hängt die Glut des Himmels wie Wimpel an hohen Masten. Der Zusammenbruch der Apotheosen versenkt die Alpenwelt, wo seraphische Zentauren umherspringen zwischen den Lawinen. Über den höchsten Graten ragt das Meer, erregt von der ewigen Geburt der Venus, belebt von orphischen Flotten und dem unterirdischen Murren der Korallenwälder. Kostbare Sturmtrompeten verdunkeln zuweilen das Meer mit einem Donner jenseitiger Sterne. An den Bergabhängen brausen Felder von Blumen; die Blütendolden sind groß wie unsere Wappen und unsere Prunkpokale.

An manchen Orten steigt Mab mit ihrem Gefolge in rotgelben, opalartigen Gewändern die Schluchten herauf. Diana säugt dort oben die Hirsche, die mit den Silberläufen tief in Wasser und Brombeeren stehen. Die Bacchanten der Dörfer schluchzen und der Mond brennt lichterloh und heult den Himmel an. Venus tritt in die Höhlen der Schmiede und der frommen Einsiedler. Gruppen von Belfrieden verkünden die Gedanken der Völker. Auf beinernen Schlössern braust unbekannte Musik. Gottalte Sagen wandern von Mund zu Mund. Fanfaren der Begeisterung schütten sich in die Marktflecken. Das Paradies der Stürme sackt ein. Schwarze Völkerstämme tanzen in ewigem Wirbel das Fest der Nacht.

Zu einer anderen Stunde bin ich hinabgestiegen in das Treiben eines Boulevards von Bagdad, wo Basare das hohe Lied der neuen Arbeit sangen, unter einer trächtigen Brise, die hin und her strich; ohne die märchenhaften Erscheinungen der Berge verwehen zu können, wo man sich endlich wiederfand.

Welcher allmächtige Arm, welche Glücksstunde werden mir diese Landschaft wiederbringen, aus der mein Schläfrigsein und meine Seufzer kommen?

II

Die Akropolis des Landes zwischen den unerhörtesten Schöpfungen der modernen Barbarei –: unmöglich, den blassen Tag, den der unbeweglich gläserne Himmel gebärt, den herrischen Glanz der Mauern und den ewigen Schnee des Bodens zu schildern. In einem Geschmack, der ungeheuerlich ist und so sonderbar weit, hat man alle klassischen Wunder der Baukunst wiedererrichtet. Ich bin in Gemäldegalerien, in Räumlichkeiten, die zwanzigmal ausgedehnter sind als Hampton Court. Welche Augenschau! Ein nordischer Nebukadnezar hat die Treppen der Ministerien anlegen lassen, die Unterbeamten, die ich sah, sind schon stolzer als Brennus und ich zittere beim Anblick der Wächter der Kolosse und Bauaufseher. Die Gruppierung der Bauten in quadratische Plätze, in Höfe und geschlossene Terrassen zwingt selbst die Kutscher zu einem Taumel. In den Parks ist die Ur-Natur von fabelhaften Gärtnerkünsten. Die Oberstadt hat unerklärliche Teile: ein Meeresarm, ohne Schiffe, rollt seine blaugläserne Fläche zwischen Kais, auf denen Riesenkandelaber wuchten.

Eine kurze Brücke führt zu einem kleinen Tor unmittelbar unter der Kuppel der heiligen Kapelle. Die Kuppel ist ein Helm aus Eisenfiligran und mißt fünfzehntausend Fuß im Durchmesser. Von einigen Ausblickstellen auf den kupfernen Stegen, den Plattformen und Treppen, konnte ich die Tiefe der Stadt schätzen. Das ist ein Wunder, das mir keinen Aufschluß geben konnte: wo ruht die Sohle der anderen Stadtteile, über oder unter der Akropolis? Wer ein Fremdling ist in unserer Stadt, wird in die Irre gehen.

Das Händlerviertel ist ein Rundbau mit phantastischen Lauben, man sieht keine Läden, aber der Schnee auf dem Fahrdamm ist fleckig von vielerlei Spuren; ein paar Nabobs, selten ein Spaziergänger wie an einem Sonntagmorgen in London, wenden sich zu einer Diamantenbörse. Diwans aus rotem Samt lungern da, man reicht Eisgetränke, kostbare und mindere Mischungen. Bei dem Gedanken in diesem Rundbau nach einem Theater zu suchen, sagte ich mir, daß in den Läden Dramen genug geschehen müssen. Vermutlich gibt es auch eine Polizei; aber die Gesetze müssen so seltsam sein, daß ich gern darauf verzichte, den Abenteuern, die hier geschehen, nachzujagen.

Die Vorstadt, vornehm wie eine Pariser Straße, ist von einer Flut von Licht beglückt. Das demokratische Element zählt kaum hundert Seelen. Dort stehen die Häuser noch nicht in Reih und Glied. Die Vorstadt verliert sich wunderlich im offenen Land. Da regiert die Grafschaft, die den ewigen Westen der Wälder und üppigen Plantagen erfüllt, wo die wilden Edel-Leute ihren Chroniken nachjagen unter dem Glanz, der hier auferbaut wurde für ein üppiges Schlemmerleben.

## Landstreicher

Bejammernswerter Bruder!

Wieviel schlaflose Nächte verdanke ich ihm. Denn er schrie: ich sei nicht eifrig gewesen bei diesem Unternehmen, ich habe mit seiner Schwäche ein falsches Spiel getrieben. Durch meine Schuld würden wir in die Sklaverei zurückkehren müssen ...

Er vermutete bei mir ein seltsames Unglück und hatte beunruhigende Gründe dafür. Ich antwortete meinem Lehrer mit einem teuflischen Grinsen. Ich sprang aus dem Fenster. Ich erbaute mir, jenseits des Feldes, das durchflutet war von Kanälen seltener Musik, die Phantome des zukünftigen nächtlichen Luxus.

Nach diesem Zwischenspiel, das ein Gefühl robuster Gesundheit zurückließ, streckte ich mich auf einem Strohsack aus. Aber der Bruder erhob sich jede Nacht und quälte meinen Schlaf mit faulem Mund und herausgerissenen Augen, so, wie er sich selbst sah in den Traumgespenstern seiner Verirrung.

Und er zog mich in den Saal und erzählte seinen Traum vom idiotischen Gram.

Ich hatte mich in der Tat bewegen lassen, ihn wieder umzuwandeln in den Sonnenschein, der er einst war. Und wir irrten umher, lustige Landstreicher, und soffen sauren Wein in den Schenken und aßen das harte Brot der Landstraße. Ich glaubte, hier die Formel und den Ort unseres Glückes zu finden.

## Nacht-Wache

I

Das ist die Ruhe der Weltweisen: weder Fieber noch Gleichgültigkeit, im Bett oder auf der Wiese.

Das ist die Geliebte, die weder quält noch leidet. Die Geliebte.

Luft und Welt, die wir garnicht suchen: das ist das Leben.

Was ist also dies:

Und der Traum wird immer gespannter. Voll Tau und frisch.

II

Abermals fällt die Sonne auf den gemauerten Balkon. Von beiden Seiten des Saales laufen gleichgültige Verzierungen, Stuckbordüren harmonisch zusammen. Die Wand gegenüber ist eine symbolische Folge von Pokalen, geflügelten Tieren, Fabelköpfen und geologischen Merkwürdigkeiten. Ein Traum von seltenen Einfällen, Witzen, Reimungen und Weissagungen.

III

Die Leuchter und die Teppiche der Nachtwache rauchen wie Wellen um ein leicht bewegtes Boot.

Das Meer der Nachtwache, so wogend wie Amaliens Busen. Die Wandbehänge, bis zur halben Höhe, Strauchwerk aus smaragdgrün gefärbten Spitzen, umflattert von den Turteltauben der Nachtwache.

Der schwarze Altar des Herdes: wirkliche Sonnen am Strand: ah, ein Schacht der Magie. Einziger Anblick der Morgenröte dieses eine Mal.

Du lebst noch in der Versuchung des heiligen Antonius. Aufsprung des gefesselten Eifers, dummer Streich kindischen Hochmuts, Entkräftung und Angstschauer.

Doch du wirst deine Arbeiten lieb haben, alle möglichen harmonischen Bindungen und Baugedanken werden dich im Sessel umgaukeln, vollkommene und unvermutete Wesen für seine Versuche da sein.

Deine Atmosphäre wird sich träumerisch sättigen mit der Neugierde der Volksmassen des Altertums und nichtsnutziger Luxus-Zeiten. Dein Gedächtnis und deine Sinne werden die Nahrung des Schöpferischen in dir sein.

Und in der Welt, wenn du fortgehst von hier, was denkst du: wird bleiben?

Wahrlich nicht die Maskeraden von heute.

## Mystik

Am Hang der Böschung schleifen die Engel ihre weißen Gewänder in den Kräutern aus Stahl und Smaragd. Wiesen von Flammen spritzen bis zur Kuppe des Hügels empor. Links ist der Humus des Gipfels gestampft von dem barbarischen Gemetzel der Schlacht. Geräusche des Wahnsinns ziehen Kreise wie Adler. Hinter dem Kamm zur Rechten blüht die Richtung des Orients, aller Aufgänge tätigen Lebens.

Während auf des Bildes steilem Rand der schäumend rollende Lärm der Meermuscheln tobt und die Nächte der Menschen gewittern, neigt sich die blühende Zartheit der Sterne hernieder, und das Weltall fällt und der Abhang der Erde wie ein Panier auf unser Gesicht und tuscht den Abgrund da unten blau und voller Blüten.

## Morgenröte

Ich habe die sommerliche Morgenröte umarmt. An den Stirnen der Paläste rührte sich noch keine Falte. Die Wassergräben lagen wie tot. Die verschatteten Felsen wichen nicht von der Waldstraße. Ich neckte im Wandern den lauen und munteren

Wind. Taujuwelen erblitzten, und mit lautlosen Schwingen zog der Duft.

Eine Blume, auf dem schmalen Rain, der beglänzt war von den Morgenstrahlen, sagte mir schüchtern ihren Namen. Ich lachte am Wasserfall, der zwischen den Tannen zerstäubte. Auf der silbernen Kuppe erkannte ich die Göttin des Lichts.

Ich nahm ihr die Schleier, einen nach dem andern, ab. Griff mit inbrünstigen Armen umher in der Allee. Im flachen Land verriet ich sie dem Hahn, der zu Gold sein dunkles Gefieder umschmolz. In der großen Stadt entflog sie zwischen Türmen und Zinnen. Wie ein Bettler rannte ich hinter ihr her über die weißen Kais.

Am Ende der Straße, bei einem Lorbeerhain, fing ich sie endlich ein in ihren geraubten Schleiern und fühlte ein wenig ihren unendlichen Leib.

Die Morgenröte und das Kind sanken ermattet in den moosigen Schoß des Waldes.

Beim Erwachen war hellweißer Mittag.

## Blumen

Hoch auf einem güldenen Altar, zwischen seidenen Bändern, düstrem Flor, grünem Samt und Kristallscheiben, so dunkelstumpf wie Bronze in der Abendsonne, sehe ich den Fingerhut blühen, auf einem Teppich von Silberfiligranen, Blauaugen und blonden Haaren.

Körner gelben Goldes ausgesät auf Achat, Mohngrünpfeiler, die einen Dom aus Smaragd tragen, Sträuße aus weißem Atlas und feine Säulchen von Rubin umschmeicheln die Wasserrose.

Wie ein Gott mit den großen Himmelsaugen und schneeigen Gliedern werfen Meer und Horizont an die Marmorstufen den Schwall der knospigen, fast strotzenden Rosen.

## Notturno

Der Windhauch öffnet bilderbunte Lücken in den Zwischenwänden, durchrüttelt die Sparren der windschiefen Dächer, verweht die Grenzen der Gänge, verdunkelt die Fenster. Am Weinberg entlang mit den Zehenspitzen tastend am Rinnstein, bin ich eingestiegen in diese Karosse, deren Herkunft die ausgebuchteten Scheiben, die geschweiften Füllungen und die gewundenen Sessel auffällig genug verraten.

Und so holpert und stolpert dieser Leichenwagen meines Schlafes in die Verlassenheit, dieses Schäferhaus meiner Qual über das Gras der ausgelöschten Landstraße.

In einer Lücke oben am rechten Fenster drehen sich die fahlen Mondgestalten vorüber, Baumschatten und Wolkenfetzen.

Tiefdunkles Grün und schwarzes Blau überschwemmen das Bild.

In einer Kiesgrube wird Halt geblasen.

Hier geht man fröstelnd und pfeift dem Sturm, Sodoma und Solyma, den wilden Tieren und den Heerscharen ... (Postillion und Traumrose, werden sie die Traumfahrt fortsetzen unter den harzgeschwängerten Hochwäldern und mich bis an die Augen niedertauchen in den seidenen Quell des Lichts?) und schickt uns unter Peitschenknall durch die glucksenden Gräben und verschütteten Quellen –: rollt dahin unter dem Gekläff der Doggen ...

Ein Windhauch verwischt die zauberischen Wände des Ganges.

## Land und See

Silberwagen – kupferbeschlagen.
Boote aus Silberstahl – fischleiberschmal;
die einen pflügen Meeresschaum,
die anderen jagen im Dornengestrüpp.

In Bewegung beide: Strömung im Heideland,
maßlose Rillen auf Ebbesand.

Alles flieht in Kreisen nach Osten,
gegen des Waldes Pfosten,
gegen der Molen Bäume,
Wirbel des Lichts beherrschen die Räume.

## Angst

Ob es geschähe, daß sie mich zwingt, die Zerstörung der ehrgeizigen Pläne aufzuhalten, daß ein fröhliches Ende die langen Zeiten der Armut beschließt und ein fröhlicher Tag des endlichen Erfolges uns einschläfert auf dem Lotterbett der Langeweile?

(O Palmen, Diamant, Liebe, Kraft! Ihr, wertvoller als alle Freuden und Eitelkeiten ... überall Satan und Gott: Jugend, Wesenheit des Ichs!)

Darf man die Erscheinungen der höheren Magie und die Erschütterungen der sozialen Einsicht als einen Fortschritt ... die Wiederkunft des ursprünglichen Freimuts als die Erlösung betrachten?

Das Böse, das uns sanftmütig macht, gewährt uns die Freude an dem, was uns übrig bleibt oder läßt dem Blut seinen freien Lauf.

Läßt uns mit den offenen Wunden hinrollen durch die bedrückende Luft, durch die Salzflut; mit unserer Wehmut durch die tödliche Einsamkeit der Gewässer, mit unseren Qualen allein in dem schauerlich hohlen Stillschweigen.

Wem zum Gelächter?

## Stadtbahn

Aus dunkelblauen Buchten, von den Meeren Ossians kommend, auf rosa- und orangefarbenem Sand, den der weinrote Morgenhimmel gewaschen hat, sind eben sich überkreuzende und verästelte Boulevards aus Kristall aufgestiegen. Urplötz-

lich bevölkert von jungen, armen Leuten, die ihr Essen hastig an Obstkarren einkaufen. Alles keine reichen Leute,
das ist die Stadt.

Von diesen wüsten Asphaltbändern flüchten immer geradeaus in wilder Jagd mit den Nebelschwaden und diesen schrecklichen, gefächerten Streifen am Himmel, der sich aufbäumt, zurückweicht und wieder herabsteigt, vor dem düsteren unheimlichen Rauch fliehend, der selbst Ozeane in Trance versetzen kann: die Helme, die niemüden Räder, die Schleppkähne, die Pferde, das ist der Betrieb.

Hebe dein Angesicht auf zu dieser hölzernen, gewölbten Brücke, zu diesen letzten Gemüsegärten; zu den schemenhaften Gestalten unter den von kalter Nacht gepeitschten Laternen; zu den einfältigen Undinen in ihren lauten Gewändern, waschend am Fluß; zu diesen klappernden Vogelscheuchen in Erbsenfeldern, – und zu diesem so grünen Blätterwerk,
das ist ländlicher Bezirk.

Diese Villenstraßen, eingerahmt von Gitterwerk und Mauerputz, die nur mit Mühe ihre Gebüsche zusammenhalten, und die grausamen Blumen, auf die man zarte Reime erfinden müßte, sie sind wie Damast der Betten, rasend könnten sie uns machen, vor Sehnsucht, Besitzungen von legendären Adelsgeschlechtern jenseits des Rheins, von schmetterlinghaften Japanerinnen und alten Indio-Nachfahren, die noch fähig sind, Musik der Alten aufzunehmen: – und es gibt dort Herbergen, die längst nicht mehr für jeden offen sind, – es gibt auch Prinzessinnen und wenn du sehr niedergeschlagen und traurig bist, das Studium der Sterne, das ist der Himmel.

An jenem Morgen, an dem du dich mit ihr herumstrittest, sie in ihrer schneeweißen Pracht, mit grünen satanischen Lippen, mit offenherzigem Spiegel, mit schwarzen höllischen Schleiern, mit blauen Strahlen aller Heimlichkeiten und jenen purpurnen Düften der Sonne vom Nord- und Südpol,
das war deine Kraft.

## Barbarisch

Wo lange nach den Tagen und Jahreszeiten, und den Wesen und den Ländern: das blutende Zelt über dem seidenen Duft des Meeres und dem Silber der arktischen Blumen (die nie existieren), geräumt von alten Siegtrompeten des Heldentums – die uns noch schwer durch die Ohren und die Seele gellen, so fern, den ehemaligen Mordbrennern.

Oh, das blutende Zelt über der wehenden Seide des Meeres und, den kühlen Blumen des Nordens (die nie existierten) –: welche Süßigkeiten!

Feuerwirbel, strömend in die Rauhreifböen –, welche Süßigkeiten! Dieser Purpurregen im Wirbel der Diamantenstürme, der dahinbraust über das Herz der Erde, das für uns ewig verkohlte –: O Welt (So fern den verstaubten Zapfenstreichen, den alten Kriegsflammen, die man hört, die man fühlt.)

Gluten und Schaumkronen. Musik. Wandlung der Schluchten. Stöße der Eis-Schollen zu den Gestirnen.

O Süßigkeiten! O Welt! O Musik!

Und dort die auf der Flut treibenden Formen, Schweiße, Haarsträhnen und Angstaugen. Und die weißen aufschreienden Tränen. O Süßigkeiten!

Und dann die weibliche Stimme: gelandet auf dem Grund der Vulkane, Eiskorallen und arktischen Grotten . . .

Das blutende Zelt.

## Reste

Ich habe zu verkaufen, was die Juden nie verkauft, was der Adel und die Verbrecher nie gemacht, was die geächtete Liebe und die teuflische Redlichkeit der Massen nie gekannt, nie erfahren haben, und was weder die Zeit, noch die hochgeborene Wissenschaft anzuerkennen brauchen.

Die wiederhergestellten Stimmen, das brüderliche Erwachen aller choralen und orchestralen Energien und ihre augenblicklichen Anwendungen; die einzige Gelegenheit unsere Sinne von der Dumpfheit freizumachen.

Ich habe zu verkaufen, die Körper ohne Preise, auch nicht zu bestimmen nach Rasse, Welt, Geschlecht und Herkunft! O ich habe Reichtümer, die aufplatzen bei jeder Bewegung! Diamantenreste, die niemand bucht.

Ich habe zu verkaufen die herrliche Anarchie für die Massen; die unverlöschbare Genugtuung für den höheren Liebhaber; den trotzigen Tod für die Gläubigen und Demütigen.

Ich habe zu verkaufen die Wohnungen und Wanderungen, Sporte und Gaukelspiele, die vollkommenen Komforts und den Lärm, die Bewegung und die Zukunft, die sie uns bringen.

Ich habe zu verkaufen die Anwendungen des Rechnens, die unerhörten Sprünge der Harmonie. Die glückhaften Entdekkungen und die unvermuteten Worte, den unmittelbaren Besitz, die unsinnigen und unendlichen Aufschwünge zu den unsichtbaren Reichen des Glanzes, zu zauberischen Wonnen, seinen närrisch machenden Geheimnissen für jedes Laster und zu seiner barbarischen Lustigkeit für die Menge.

Ich habe zu verkaufen die Körper, die Stimmen, den ungeheuren nie erforschbaren Überfluß, den Götzen der Wollust und alles, was man nirgends kaufen wird.

Aber die Verkäufer kommen nicht zu Ende mit den Resten, und den Reisenden wird es noch lange wohlergehen auf Erden.

## Fairy

Für Helena verschworen sich zum Bruderbund alle klopfenden Kräfte im jungfräulichen Dunkel und die eisigen Klarheiten im Schweigen der Sterne.

Stummen Vögeln ward die Glut des Sommers anvertraut. Alle Hemmungen tauchten aus der Trauerbarke herauf, aus dem Schatten geliebter Buchen, aus dem hinsinkenden Duft der Dämmerungen.

Ohne Preis.

Aber die Lieder der Holzhackerfrauen waren schon abgelaufen im Getöse des Bergstroms unter dem Sturz der Wälder. Und das Trompeten der wilden Tiere im Echo der Täler war nicht mehr, und auch die Insektenschreie der Steppe waren nicht mehr.

Für die reine Kindheit Helenas erschauerten die Schlingdickichte, und die Palmenschatten, das Bitterherz des armen Volkes und die goldene Legende im Horn des Himmels.

Und ihre Augen und ihrer Hüften Tanz, strahlender noch als die Morgenröte auf den Kuppen der Hügel, stärker als der Frosthauch, als die Freude einer süßgeheimen Stunde –: Das war die Geburt der Schönheit.

## Szenen

Das uralte Schauspiel sammelt seine Formeln und ordnet die Episoden.

Ganze Straßenzüge von Hintergründen.

Ein langer Querbalken von dem einen bis zu dem anderen Ende des Steinackers, wo das Volk aufgeregt unter den Herbstbäumen herumwimmelt.

In den Gassen der Kulissen aus Gaze, belaubt vom bunten Spaziergang der Laternen, lassen sich die spielfrohen Vögel auf einen schwarzen Kasten nieder, den ein brandendes Meer von Zuschauern umspült.

Sentimentale Szenen, begleitet von Stockflöten und Trommelwirbeln, kuscheln sich in Lauben hinein, die von der Decke herunterhängen, flankiert von den Säulen feudaler Klubs aus orientalischen Cafés.

Das Zaubermärchen spielt auf der Kuppe eines antiken Theaters, umsäumt von Oleandergebüschen. Oder es wird aufgeführt mit allen Feinheiten der Sprache und Mimik für die Böotier im Schatten bewegter Bäume oder auf dem Gipfel einer heiligen Einsamkeit.

Die komische Oper verdämmert abseits im Gewirr der Kulissen. Ihr Echo reicht in zehn Rängen von der letzten Zuschauerbank bis zur Rampenbeleuchtung.

## Jugend

### I
*Sonntag*

Die beiseite geschobenen Rechnungen, die weisgesagte Niederkunft des Himmels, besuchte Erinnerungen und der Chor der ausgeträumten Sehnsüchte bewohnen heute das Haus und die feierliche Gespanntheit der Seele.

Ein Pferd galoppiert über den Rasen, vorüber an den Hecken und Gärten der Vorstadt, verpestet vom Geruch der Fabriken. Eine unglückselige Frau seufzt irgendwo in der Welt herum nach nie erfüllbaren Erlebnissen. Die Aufrührer warten auf das Signal, den Sturm und die selige Trunkenheit der Barrikaden.

Die Neugeborenen ersticken im Schlamm der Abwässer. Auf! Lernen wir den neuen Tumult, das Wort, das die Massen wieder aufsteigen läßt zur Freiheit!

### II
*Sonett*

Ein Mann mit gewöhnlichen Gliedern: scheint sein Fleisch nicht wie eine herbstrote Frucht? Kindliche Zeiten: der Leib ist zum Verschwenden gemacht und die Liebe: ist sie die Fülle oder der Zerfall der Psyche?

Die Erde strotzte von Hügeln, fruchtbar an Prinzen und Dichtern. Dich aber brachte die niedrige Herkunft bis an den Rand aller Verbrechen und Verfluchungen. Die Welt ist dein Glücksspiel und das große Wagnis.

Jetzt aber würgt dich die Last der Arbeit, die Qual der Berechnungen und Erwartungen. Alles dreht sich im Tanz zur Musik deines Herzens, die Spannungen und der Erfolg der Erfindungen, bist Mittelpunkt im Raum der bilderreichen und zur Brüderlichkeit sich bescheidenden Welt.

Recht und Gewalt unterbinden die letzte Freude, den Gesang, auf den wir alle hören.

III
*Zwanzig Jahre*

Stimmen der Tiefe verbannt, und die Einfalt zu Galle genommen: Adagio!

Eigensinn der Kindheit, herrliche Freiheit und rosig darüber alle Himmel: spärlich wuchsen die Blumen des Sommers.

Melodie und Formen hingestorben; bleibt nur der Chorgesang der Büßer: die umnebelten Fernen zu mildern!

Weithin die Musik der farbigen Gläser, Nachtmelodien der Ahnung. Vorüber rasen die Nerven . . .

IV
*Krieg*

In meiner Jugend hat schon mancher Himmel meine Sehkraft geschärft. Alle Leidenschaften modellieren meinen Gesichtsausdruck. Die Erscheinung der Dinge vervielfachte sich.

Jetzt hetzen mich die aufgeregten Augenblicke, die Mathematik des Unendlichen durch die Welt, in der ich alle bürgerlichen Ehren erfuhr, verbrämt von der Unschuld der Kindheit und den zartsamen Zuneigungen.

Ich denke an einen Krieg des Rechts oder der Ungerechtigkeit, an das Resultat einer unausdeutbaren Logik.

Diese aufzuzeichnen ist fast so einfach wie ein Tonsatz.

## Vorgebirge

Die goldene Morgenröte und der fröstelnde Abend finden unser Schiff auf hoher See, gegenüber diesem Landhaus und seinen Ställen und Remisen, die ein Vorgebirge türmen, in einer Ausdehnung wie Epirus und der Peloponnes oder wie die große Insel von Japan oder Arabien! Tempel, von der Wiederkehr der klassischen Lehre erleuchtet, das ungeheure Panorama der Verteidigungskünste moderner Küsten; dünn besät mit tropischen Blumen, überglänzt von unerhörten Bacchanalen. Große karthagische Kanäle und Uferdämme eines trüben Venedigs, gebändigte Ausbrüche von Ätna und Felsenspalten mit Kakteen und Teichen. Eisberge, Badehäuser, umfriedet von Pappeln Deutschlands, Böschungen seltsamer Parks; und die wunden Fassaden des ›Royal‹ oder des ›Grand Hotels‹, die der Geschichte der fabelhaftesten und gigantischsten Bauten Italiens, Amerikas und Asiens entnommen sind und deren Fensterfronten und Veranden von Beleuchtung strotzen, Getränke ausschenken und die kühle Brise des Meeres über die Reisenden von aller Welt ausgießen, die in den Tagesstunden allen berühmten Tarantellen der Kunst gestatten, die Fassaden des Vorgebirgsplatzes mit ihren Wundern zu vergolden.

## Historische Dämmerung

Irgendein Abend kann es sein, den jeder erlebt: fern vom Betrieb der Wirtschaft. Da wird das Klavier der Wiesen lebendig unter dem Spiel eines Meisters. Da faulenzt man unten am Teich und mischt die Karten. Königinnen fallen auf die leichtherzigen Damen. Da sieht man die heiligen Frauen, graue Schwestern im Schleier und die Symphonie der himmlischen Farbtöne.

Aber wenn die wilden Jäger mit ihrer Meute vorüberjagen: kalt läufts einem den Rücken herunter. Eine lustige Komödie tröpfelt über das Gestäng der Gräser und die Hilflosen in diesem Tal ducken sich verlegen hinter ihrer Armut.

In seiner müden Verträumtheit verlegt Deutschland den Schauplatz der Eroberungen auf den Mond. Die tartarischen Steppen glänzen hell und die Legende des Aufruhrs rumpelt im Bauch des himmlischen Reichs der Mitte. Eine kleine Welt erbaut sich auf den Hängen und Vorsprüngen der Felsen. Afrika überstrahlt die Abendländer, dazu erscheint das Ballett der Meere und sternenheller Nächte, eine Schau ohne Wert mit kitschigen Melodien.

Überall, wohin unser Koffer uns absetzt, taucht die falsche Magie des Bürgerlichen auf. Jeder, der ein wenig Physik im Leibe hat, merkt, daß die persönliche Atmosphäre keine Kraft hat, und wenn man die Dünste erkennt und den körperlichen Mißmut: welch eine Enttäuschung!

Zeit, daß man den Trubel ausschwitzt und die Aufhebung der Meere, Feuersbrünste und Planetenwirbel beantragt.

Erscheinungen, die schon die Legende der Bibel kennt und ihre Schriftgelehrten kontrolliert haben, und das Wissen allein helfen uns nicht weiter.

## Bottom

Die Wirklichkeiten der Welt waren so dornig für meinen großen Charakter. Trotzdem war ich bei einer Frau, als mächtiger graublauer Vogel, der sich aufschwingt zum Schnitzwerk der Decke und den Flügel nachschleppt in den Hauch der Abenddämmerung.

Ich kauerte am Fuß des Himmelbetts, der ihre kostbaren Kleinodien und das Meisterwerk ihres Leibes trug, groß wie ein Bär mit violettem Zahnfleisch und kummergrauem Haar, die Augen auf den geschliffenen Gläsern und dem Silber der Konsolen. Alles ward Schattenfigur und leuchtendes Aquarium.

Am Morgen, der Juni brannte funkelnd rot auf den Feldern, lief ich Dummkopf hinaus, schmetternd und schwingend, was mich bedrückte, bis die Sabinerinnen des Tales kamen und helle Augen auf meine Sehnsucht anlegten: mich zu küssen.

## H

Alles Ungeformte entweiht die leidenschaftliche Gebärde der Hortense. Ihre Einsamkeit ist die erotische Mechanik. Ihre Müdigkeit die Kraft zur Liebe. Geschützt von einer zartsamen Kindheit, war sie in vielen Jahrhunderten die feurige Hygiene der Rassen. Dem Elend hat sie Tür und Tor geöffnet. In diesem schmerzlichen Dunstkreis wird die Moralität der Wesen von heute aufgesogen von ihrer Leidenschaft, oder emporgehoben zu den lebendigen Wundern der Seele.

Und Hortense schmeckt die schrecklichen Schauder der unerfahrenen Liebe und den bittersalzigen Boden der Tränen im strahlenden Glas der Verzückung.

## Fortbewegung in eine neue Zeit

Flußwindungen um Steilufer mit kochenden Wasserfällen,
brodelnde Strudel am Schiffsheck;
rasante Schnelligkeit des Absturzes
zu ungeheuren Gefällen der Strömung,
führt durch unerhörte Lichtfluten.
Uninteressant das, man beachte doch die chemischen Vorgänge!
Die Reisenden umgeben vom Aufwind des Tales
und Sog des Stromes;
sie sind die wahren Eroberer der Welt,
sie suchen das chemische Abenteuer, sonst nichts!
Sport und Bequemlichkeit reisen natürlich mit ihnen;
sie haben aufgenommen die Erziehung
ganzer Völker, aller Klassen und Tiere.
Ruhe und Taumel
in einer Flut von Dämmerlicht,
... aber auch der Abend gehört der Forschung.

Während der Unterhaltung inmitten der Instrumente,
des Blutes, der Blumen, des Feuers,
während lebhafter Berechnungsarbeit an Bord,
keiner bemerkt rollende Wasserkaskaden jenseits der Triebkraft,
ungeheuerlich, ununterbrochen sich aufhellend
am Bestand ihres neuen Wissens
gejagt in harmonischer Ekstase
mit dem Heldentumsdunkel aller Entdecker.

Unter dem Eindruck zauberhafter Himmelserscheinungen
sondert sich auf der Brücke ein junges Paar ab,
– ist es scheues Erinnern alter Barbarei? Verzeihlich.
Sie singen und setzen sich zusammen nieder.

## Ehrerbietung

Meine Schwester Luise Vanaen von Voringhem hat ihre blaue Haube der Nordsee zugewandt und betet für die Schiffbrüchigen.

Meine Schwester Leonie Aubois d'Ashby: bunt ist das mit allen Käfern summende und stinkige Sommergrab. Für fiebernde Mütter und Kinder.

Und Lulu: der Dämon: ist die Flamme für die Betsäle der Zeit, für die Freundinnen und ihre weißen Nächte in den Pensionen. Auch für die Männer manchesmal.

Aber Frau –:

Die gehört dem Jüngling, der ich war, dem heiligen Greis in der Klause und den einsilbigen Missionshäusern. Dem Geist der Armen und einer sehr hohen Geistlichkeit. Auch aller Gottverehrung an frommen Wallfahrtsorten. Wartend auf den hektischen Augenblick, da man sich hingeben muß einer verschwiegenen Sehnsucht oder dem abgefeimten Laster.

Heute nacht Circeto der hohen Spiegelscheiben, fett wie ein Karpfen und feuerrot wie die Monate der roten Nacht (ihr Herz Ambra und Zunder). Für mein einziges Gebet stumm wie die Nachtregionen und, vor ihm herjagend, gewaltsamer als dieses eisige Chaos der Pole. Unbedingt und in allen Weiten, selbst auf den metaphysischen Reisen.

Aber jetzt ... jetzt ist sie nicht und nichts mehr.

## Demokratie

»Unsere Fahne marschiert durch die geschändete Landschaft und der Wirrwarr unserer Reden erstickt sogar der Trommeln Gedröhn.

In den Großstädten werden wir die schamlosesten Hurereien fördern. Wir werden das Auflehnen der Vernunft glatt niedermetzeln.

Erledigen werden wir die ausgeraubten und erschlafften Länder! – Die sich im Dienst an der ungeheuerlichsten industriellen und militärischen Ausbeutung verbluten! Wir werden uns wiedersehen, hier, oder ganz gleich wo. Weil wir uns dem guten Willen verschrieben haben, werden wir uns an die Philosophie der Barbarei halten; werden Stümper der Wissenschaft sein und wie Wüstlinge das behaglichste und bequemste Leben genießen; krepieren muß die Welt wie sie heute lebt und sich benimmt.

Das ist der wahre Fortschritt. Vorwärts Leute, los!«

## Genius

Er ist die Güte und das lebendige Leben, er hat das Haus auferbaut, das dem schaumgekrönten Winter und den Gesängen des Sommers offen ist.

Er hat den Wein gereinigt und das Brot, er ist der Zauber vorüberfliegender Dörfer und die jubelnde Erlösung der Stationen.

Er ist die Güte und die Zukunft, gesammelte Kraft und hohe Liebe, unser ungelebtes Leben, das wir, standhaft in Schmerz und ungebrochen vom Kummer, vorübersausen sehen im Himmel des Sturms und den Fahnen der Begeisterung.

Er ist die Liebe, das vollkommene und wiederentdeckte Maß, die wunderbare und unvorhergesehene Vernunft, das Licht und die Ewigkeit. Die Schatulle verhängnisvoller Eigenschaften.

Wir haben das Entsetzen seiner Zugeständnisse erfahren und unsere damit abgewogen. O Wohlgefühl unserer Gesundheit, Fieber unserer Talente, selbstsüchtige Neigung und Leidenschaft für ihn –: ihn, der uns lieb hat für sein unendliches Leben.

Wir erinnern uns seiner, denken oft an ihn, und er verweilt nicht.

In der Verehrung Wankelmut schallt seine Verheißung, donnert: »Habt acht vor dem Aberglauben, diesen graugewordenen Körpern, diesen stumpfen Häuslichkeiten und diesen Gezeiten. Dieses Zeitalter, hört ihr, ist gescheitert.«

Er will nicht umkehren, er wird nicht noch einmal vom Himmel herabsteigen, er wird nicht vollenden die Erlösung der armen Frauen von ihrem Gekläff und der Männer von ihrem Mutwillen, und von allen diesen Erbsünden: denn dieses ist gewiß und unverrückbar geschehen: er ist und wird geliebt.

O seine Atemzüge, sein Eigensinn, seine Wege: die furchtbare Schnelligkeit der Vollendung der Formen und der Tat.

O ewige Fruchtbarkeit der Schöpfung und Unendlichkeit des Alls!

Sein Körper: die geträumte Befreiung, das Zerschellen der Gnade, durchstreut von neuen Zorngewittern! Sein Anblick, o sein Anblick! Alle die Kniefälle von einst und die Marterqualen, edel wieder in seinem Anhang.

Sein Tag: die Aufhebung aller schönklingenden und erschütternden Schmerzen in der weiterreichenden Musik. Sein Schritt: die Wanderungen, ungeheurer als das Einbrechen in Büffelherden. O, er und wir! Der Stolz, gütiger als die verschollenen Barmherzigkeiten.

O Welt! Und die klaren Zwiegesänge der neuen Leiden.

Er hat uns alle gekannt und hat uns alle geliebt. Erheben wir unsere Herzen in dieser klirrenden Winternacht, von Kap zu Kap, vom stürmischen Pol bis zum weißen Schloß, vom Feldergewüst bis zum ruhigen Strand, wo Augen sich treffen, Kräfte und Gefühle ihn anrufen und anschaun und wieder schweifen lassen. Unter den Gezelten und auf der Höhe der Eisberge seinem Anruf folgen, seinem Antlitz, seinen Atemzügen, seinem Leib, seinem Tag.

Das Herz unter der Soutane

*Vertrauliche Aufzeichnungen eines Seminaristen*

... Thimothina Labinette! Heute, im geweihten Rock des Priesters, kann ich mich in aller Ruhe an die längst abgekühlten Leidenschaften der vergangenen Wochen erinnern, an den jugendlichen Schwarm, der mein Herz unter der Soutane des Seminaristen so stürmisch bewegte.

1. Mai 18 ..

... das ist der Frühling, Die Ranken im Blumentopf des Herrn Abbé X treiben Knospen über Knospen. Der Baum im Hof zeigt zartsame Spitzen, die wie grüne Glastropfen in den Zweigen hängen. Und als ich aus der Stunde kam, sah ich die Nase des hohen geistlichen Herrn wie einen großen Pilz aus dem Fenster der zweiten Etage herunterbaumeln. Die Schuhe eines meiner Kameraden riechen so eigentümlich, und wenn man bemerkt, daß die Schüler jetzt viel öfter auf den Hof hinunterlaufen und die Latrine ewig besetzt ist ...

Sie, die während des winterlichen Unterrichts mit zusammengezogenen Bäuchen wie die Maulwürfe dahockten und ihre roten aufgedunsenen Gesichter zum Ofen emporhoben mit einem dicken, wolkenhaften Atem, schwärmten jetzt mit besonderer Vorliebe in die laue Abendluft hinein. Und wenn sie von ihren erledigten Bedürfnissen zurückkehren, liegt auf ihren verfieberten Gesichtern ein seltsames Grinsen. Mit äußerster Sorgfalt schließen sie die Schlitze ihrer Hosen. Nein, ich irre mich nicht, sehr langsam sind die nestelnden Bewegungen an der Kleidung, so, als fänden sie einen besonderen Gefallen an dieser eigentlich doch unwichtigen, rein mechanischen Handlung.

2. Mai 18 ..

Der Vorsteher Y ist gestern aus seiner Studierstube die Treppen zum Hof hinuntergeschaukelt, mit verkniffenen Augen und in den Taschen versteckten Händen und hat seine Domherren-Pantoffeln furchtsam und fröstelnd vier Schritte weit auf den Hof geschleppt.

Gewiß, es ist mein Herz, das in der Brust den heftigen Takt schlägt, und es ist meine Brust, die sich gegen das schmutzige

Pult drückt. Ich verabscheue die Zeit, wo die Eleven, aufgedunsen wie fette Schafe, in ihren schmutzigen Kleidern dahinwandeln und schwitzen. Und in der Luft, verpestet von der Anstrengung des Lernens, schlafen sie unter den Gaslampen, benommen von der kraftlosen Hitze des Ofens.

Ich breite meine Arme aus, seufze, strecke meine Beine und fühle sonderbare Dinge in meinem Kopf rumoren ... Sonderbare Dinge ...

4. Mai 18 ..

Also, ... gestern hielt ich es einfach nicht mehr aus. Wie der Engel Gabriel habe ich die Flügel meines Herzens weit gebreitet. Der Hauch des heiligen Geistes hat meine Gefühle durchzittert. Ich nahm meine Laute und sang:

»Erscheine,
Große Maria,
Mutter, geliebte,
des süßen Jesus.
Gebärende Jungfrau,
Heilige Mutter,
erlöse uns!«

Oh, wenn ihr die mystischen Schauer nachfühlen würdet, die meine Seele erschütterten; während ich diese poetische Rose entfaltete. Ich hob meine Laute, und wie der heilige Psalmist entzündete ich meine reine und unschuldige Stimme und sandte sie aus zu den himmlischen Höhen.

Höhe aller Höhen!

7. Mai 18 ..

Mein Gedicht hat seine Schwingen wieder eingezogen; aber ich würde, gedemütigt durch Schmach und Marter, wie Galilei wieder sagen: »Und sie bewegt sich doch ...«

Das heißt: sie, meine Schwingen, bewegen sich doch! Ich habe die Dummheit begangen, das Blatt mit dem vorgenannten Gedicht auf die Erde fallen zu lassen ... Der J. hob es auf. J., der fanatischste aller Sittenrichter, der schärfste Nacheiferer unseres Vorstehers, hat es heimlich seinem Herrn gebracht; dieses Untier hat mein Gedicht auch noch bei meinen Freunden zirkulieren lassen und mich dem Spott der Kreaturen ausgesetzt.

Gestern ließ mich der Vorsteher zu sich kommen. Ich betrete sein Zimmer, stehe vor ihm: gefaßt und innerlich ganz ruhig. Auf seiner hohen kahlen Stirne zittert eine rote Strähne wie ein am Himmel stehengebliebener Blitz. Seine Augen quellen hervor aus dem Fett, satt und zufrieden. Nur seine Nase, einer Keule vergleichbar, zittert verräterisch. Er flüsterte ein »oremus«, befeuchtete die Spitze seines Daumens, blätterte ein paar Seiten in einem Buch und zog ein schmutziges, zerknittertes Blatt Papier hervor.

»Große Maria . . .
Mutter, geliebte . . .«

Er verschweinte mein Gedicht, spie auf meine Rose, spielte den Einfältigen, den keuschen Josef, um meine Gefühle zu beschmutzen, meinen Lobgesang zu besudeln. Er zerpflückte und dehnte jede Silbe. Und als er die fünfte Zeile vornahm und auf diese Stelle stieß:

»Gebärende Jungfrau . . .«

da hielt er mit einem Male an und äußerte sich in einem Ton... einem Ton, daß die Schamröte glutend mein Gesicht bedeckte. Ich stürzte auf die Knie, die Arme zur Decke erhoben und rief: »Heiliger Vater!«

Ich Tor . . .

»Ihre Laute, junger Mann . . . Ihre Laute . . . und die geheimnisvollen Schauer, die Ihre Seele erschütterten . . . das hätte ich sehen und auskosten mögen . . .!

Im Ernst, junger Mann, aus diesem verschrobenen Bekenntnis, aus diesem weltlichen Kram gähnt ein schauervoller Abgrund. Das Werk des Teufels!

Junger Mann, haben Sie überhaupt den rechten Glauben?«

»Aber mein Vater, weshalb diese Frage? Ich habe den reinen Glauben meiner Mutter . . . ich bin ein gläubiges Kind der heiligen Kirche . . .«

»Und diese gebärende Jungfrau? Das bedeutet eine befleckte Empfängnis, junger Mann . . . eine befleckte Empfängnis!«

»Ich glaube an diese Empfängnis . . .«

»Oh, wie Sie recht haben . . . jawohl!«

Eine ganze Weile schwieg er danach. Und dann, nach einigem Besinnen: »Der Eleve D. hat mir berichtet, daß Sie in letzter Zeit bei gewissen Gelegenheiten die Beine auf eine höchst merkwürdige Art spreizen. Sie verstehen mich doch, wie? Und auch Ihre sonstige Haltung während der Unterrichtsstunden soll sehr sonderbar sein . . . Es dürfte auch öfter vorgekommen sein, daß Sie sich auf der Bank der Länge nach ausgestreckt haben wie ein Mensch, der unanständige Dinge denkt.

Das alles sind Tatsachen, die Sie wohl nicht abstreiten können. Aber . . . ich will Sie in aller väterlichen Milde fragen (kommen Sie doch bitte etwas näher heran . . . auf den Knien . . . so): Weshalb strecken Sie beim Unterricht die Beine so merkwürdig aus? So . . . und nun antworten Sie!«

Er legte seine schwere, fleischige Hand auf meine Schulter, um den Hals herum, seine Augen wurden ganz groß und funkelten. Zuletzt ließ er mich alles erzählen, was ich beim Ausstrecken der Beine empfinde.

Ach, es war einfach ekelhaft, dieses Ausfragen, als ich vor ihm auf den Knien lag.

In dieser verruchten Weise also hatte man mich ausspioniert, mein Herz und meine Scham verleumdet. Und ich konnte zu den Berichten und anonymen Briefen der einen Schüler gegen den anderen nichts sagen. Die Täter waren vom Vorsteher beauftragt. Und nun mußte ich mich unter den geballten Fäusten der Entrüsteten verantworten. Weswegen eigentlich?

O, dieses grauenhafte Seminar!

10. Mai 18 . .

Meine Mitschüler sind hinterhältig, böse und voller Unzucht. Im Unterricht flüstern sich diese Ruchlosen gegenseitig meine Verse. Und sobald ich den Kopf wende, begegne ich dem höhnischen Gesicht des grausamen D., der mir immer zuruft: »Deine Laute . . . was macht deine liebliche Laute und das Tagebuch?«

Und sofort greift das ein anderer auf und schließlich tobt es ringsherum im Chor: »Was macht deine liebliche Laute . . . Du . . . Dichter . . . was macht dein Tagebuch?«

»Große Maria . . .
Mutter, geliebte . . .«

Wie unsäglich dumm habe ich mich angestellt und mir selber die Fußtritte gegeben.

Aber von einem kann ich mich freisprechen: ich spioniere nicht... schreibe keine anonymen Briefe... Habe für mich allein mein heiliges Gedicht und meine Scham! Es bleibt auch das Tagebuch.

12. Mai 18..

Errätst du nicht, weshalb ich oft vor meiner Liebe auf den
[Knien lag?
Die Blume sagt zu mir: Grüß Gott! Der Vogel flüstert:
[Guten Tag!
Grüß Gott, das ist der Frühling, ist der Himmelshauch der
[Zärtlichkeit.
Errätst du nicht, weshalb mein Herz so trunken ist und weit?
O Engel meiner Ahnen, Engel meiner Wiege,
errätst du nicht, daß ich schon höher als die Vögel fliege,
daß meine Leier zittert, meine Flügel schlagen
wie eine Lerche aufwärts zu der Sonne.

Ich habe diese Verse in der Pause niedergeschrieben, bin in die Kapelle gegangen, habe mich in einen Beichtstuhl eingeschlossen, und dort hat mein junges Gedicht zucken und sich entwickeln können im Traum und im Schweigen bis zu den Sphären der Liebe.

Dann habe ich, weil man mir jede Nacht die Taschen durchsuchte, die Verse an das Hemd geheftet, auf meinem Herzen fühlte ich sie während der Unterrichtsstunden und drückte und streichelte sie.

15. Mai 18..

Seit meinen letzten Aufzeichnungen haben sich die Ereignisse überstürzt. Ereignisse von so schwerwiegender Art, daß sie mein inneres Leben in irgendeiner tragischen Form wahrscheinlich beeinflussen werden.

Thimothina Labinette... ich bete dich an!
Ich bete dich an, Thimothina...

Ich will meine Harfe rühren wie der heilige Psalmist. Ich bete dich an, seit ich dich gesehen habe und mein Herz an deinem Herzen sich entzündete ...

Also Donnerstag war allgemeiner Ausgang. Ich bin für mich allein gegangen. Und weil meine Mutter mir letzthin geschrieben hatte, in ihrer rührend besorgten Art: »Mein Sohn, wenn du deine Freizeit bei einer anständigen Familie zubringen willst, dann besuche auf jeden Fall den Herrn Césarin Labinette. Er ist ein Duzbruder deines verstorbenen Vaters. Und dem du dich noch vor der Priesterweihe vorstellen solltest ...«

Ich ging hin und stellte mich dem Herrn Labinette vor. Er verpflichtete mich zu großem Dank, weil er mich, ohne viel Worte zu machen, sofort in die Küche zu seiner Tochter führte. Hier war ich also ganz allein mit Thimothina. Sie wischte mit einem baumwollenen Tuch eine große bauchige Schüssel aus, indem sie das Geschirr fest an ihr Herz drückte. Erst nach einer ganzen Weile sagte sie: »Nun, mein lieber Herr Leonhard?«

Bis dahin hatte ich, verwirrt dadurch, daß ich mit dem jungen Geschöpf allein war in dem engen Küchenraum, die Augen niedergeschlagen und mit einem angsthaften Herzen die heiligen Namen der Mutter Maria angerufen ...

Ich erhob jetzt die Stirn, errötete und konnte, überwältigt von der Schönheit der Fragenden, nichts weiter als ein schwaches: »Mein Fräulein« stammeln.

Thimothina, du warst so schön! Wäre ich ein Maler gewesen, dann hätte ich bestimmt deine reinen Züge auf der Leinwand wiedergegeben unter dem Motto: Die Jungfrau mit der Schüssel. Aber ich bin doch nur ein Dichter, und meine Sprache kann dir nur unvollkommen huldigen ...

Der eiserne Herd mit den Feuerlöchern, wo die Glut gleich blutunterlaufenen Augen flammte, ließ in einem winzigen Dunstgespinst seinen Töpfen den nahrhaften Geruch einer Kohl- oder Bohnensuppe entschlüpfen. Und du, Jungfrau, standst davor, mit deiner zierlichen Nase den Duft der Gemüse einatmend. Sahst mit den großen grauen Augen manchmal deine Katze an und wischtest in rhythmischer Bewegung deine Schüssel aus.

Die flachen und hellen Strähnen deiner Haare ringelten sich züchtig um die Stirn, als trüge sie eine Goldkrone. Und von deinen Augen lief eine bläuliche Schattenrille bis zur Mitte der Wange herunter. Genau so wie bei der heiligen Therese. An deiner Nase, geschwellt vom angenehmen Duft der Gemüse, hoben sich die geblähten Flügel. Ein leichter Haarflaum auf deiner Oberlippe trug nicht wenig dazu bei, deinem Gesicht eine gewisse Energie zu verleihen. An deinem Kinn, das bemerkte ich sofort, leuchtete ein braunes Muttermal; ein paar törichte Härchen zitterten auf der lieblichen Wucherung. Und auf deinem Kopf das Haar flammte und war im Nacken von Nadeln zusammengehalten. Nur eine kurze, eigenwillige Strähne war entflohn, ein eigensinniges, kleines Schelmenlächeln.

Vergebens unter dem Satin deiner Bluse suchte ich die Brüste. Vielleicht hattest du gar keine. Oder verschmähtest die Sichtbarmachung dieses weltlichen Zierats. Ja, dein Herz ... das sind deine kleinen runden Brüste ...

Als du dich umdrehtest, um mit der Fußspitze die goldgefleckte Katze fortzujagen, sah ich deine Schulterblätter auffragen. Ein ganz klein wenig hoben sie das Kleid. Ich war beglückt von der weichen Wendung deiner Hüften, diesen zwei feierlichen Bögen der Mutterschaft.

Von diesem Augenblick betete ich dich an. Nicht deine Haare, deine Schultern, auch nicht die tiefe Drehung deiner Hüften. Denn was ich an einer Frau liebe, an einer Jungfrau, das ist die heilige Einfalt und Anmut. Und was mich vor Liebe erbeben läßt, ist die Keuschheit deiner Bewegungen. Das alles bete ich in dir an, du junge Schäferin ...

Ich versuchte, sie meine Leidenschaft merken zu lassen. Mein Herz, nur dieses, verriet mich. Und ich antwortete nur mit zusammenhanglosen Worten auf ihre Fragen. Manchmal sagte ich Tor, Madame anstatt mein Fräulein zu ihr, in meiner unbändigen Erregung. Nach und nach fühlte ich mich der magischen Musik ihrer Stimme unterliegen. Zuletzt beschloß ich, mich selbst aufzugeben und alle meine Beziehungen zum Ich zu lösen ...

Ich weiß nicht mehr, welche Fragen sie an mich richtete. Ich lehnte mich auf den Rohrsessel zurück, legte eine Hand auf das heftig klopfende Herz und griff mit der anderen in die Tasche nach dem Rosenkranz, dessen silbernes Kreuz ich durch meine Finger gleiten ließ ... Dabei immer ein Auge auf Thimothina gerichtet, das andere gen Himmel erhoben.

Schmerzerfüllt und zärtlich wie der Hirsch einer Hindin beantwortete ich ihre Fragen stets mit einem »O ja, mein Fräulein!« Ich glaubte zu leiden. Ich litt wahrhaftig. In mein groß zur Decke geöffnetes Auge fällt plötzlich ein Tropfen Salzlake, von einem über mir hängenden Räucherschinken abgetropft. Und als ich erschrocken und rot vor Scham aus meiner heimlichen Leidenschaft erwachte und die Stirn senkte, sah ich, daß meine Hand nicht den Rosenkranz, sondern einen braunen Gummischnuller hielt. Den hatte mir im vorigen Jahr die Mutter gegeben, um ihn dem kleinen Schreihals unserer Nachbarin in den Mund zu stecken.

Aus dem Auge, das ich fromm zum Himmel erhoben hatte, floß die bittere Salzlake. Aber aus dem anderen Auge, womit ich dich angesehen habe, Thimothina, kullerte eine Träne, eine der Liebe und des Schmerzes.

Einige Zeit, vielleicht eine Stunde später, als Thimothina das Abendbrot ansagte: Grüne Bohnen und Speckeierkuchen, antwortete ich, ganz ergriffen von ihren Reizen, mit halber Stimme: »Mein Herz ist so voll . . . sehen Sie . . . daß es dem Magen den Appetit nimmt!«

Ich setzte mich dennoch an den Tisch und fühlte sehr bald: ihr Herz hat auf den Ruf meines Herzens geantwortet. Während der kurzen Mahlzeit aß sie kaum einen Happen.

»Findest du nicht auch, daß hier etwas riecht?« fragte sie ihren Vater. Der gab ihr keine Antwort. Nur mein Herz verstand es und sagte: Das ist der Duft der Rose Davids, der mystischen Rose der Heiligen Schrift . . . die Liebe! Da stand sie plötzlich auf, ging in eine Ecke der Küche und, mir die Doppelknospe ihrer Hüften zeigend, versenkte sie die Arme in einem Haufen Leder von verschiedenem Schuhwerk, aus dem die gelbe Angora entfloh.

Sofort kam sie zum Tisch zurück, prüfte die Luft mit den zitternden Nasenflügeln, runzelte die Stirn und rief: »Das riecht ja immer noch!«

»Jawohl, es stinkt . . .!« antwortete jetzt der Vater, ziemlich dumm. Er konnte das Eigentümliche garnicht begreifen, der Profane.

Ich bemerkte wohl, daß alles nur die inneren Bewegungen der Leidenschaft waren, die Erregung in ihrem jungfräulichen Fleisch. Ich betete sie an und schmeckte mit liebevollem Verständnis das Omelett. In meinen Händen schlugen Messer und Gabel zusammen, unter dem Tisch zitterten meine Füße mit Wohlbehagen in den weiten, ledernen Schuhen.

Aber was mir wie ein Lichtstrahl erschien, wie das Versprechen ewiger Liebe, wie ein Edelstein im Herzen Thimothinas, das war die bewundernswerte Gefälligkeit, die sie bei meinem Aufbruch bezeugte, indem sie mir ein Paar funkelnagelneue weiße Socken anbot, mit einem Lächeln in den Worten: »Wollen Sie dieses Geschenk von mir annehmen, Herr Leonhard? Ich glaube, Ihren wundgelaufenen Füßen wird diese reine Wolle wohltun . . .«

16. Mai 18 . .

Thimothina, ich bete dich an! Ich verehre dich, deinen Vater und deine Katze.

17. Mai 18 . .

Was bedeuten mir gegenwärtig die Geräusche der Welt, die qualvolle Dumpfheit und die enge der Unterrichtsstunde!? Was geht mich diese Gesellschaft noch an, die Seite an Seite mit mir sich in ihrer Faulheit und Gleichgültigkeit herumräkelt? Heute morgen waren alle Reihen, schwerfällig noch von unverdautem Schlummer, um die Tische versammelt. Ein Summen, dem Ton der Posaune des Jüngsten Gerichts vergleichbar, ein tiefes gurgelndes Schnarchen erhob sich aus diesem Gethsemane. Ich aber, stoisch, hart und aufrecht, erhob mich über alle diese Kadaver, wie eine Palme über Ruinen, abgestoßen von den Gerüchen und vielfältigen Geräuschen. Ich stützte meinen Kopf in die Hand und belauschte mein Herz, das von Thimothina erfüllt war und laut klopfte. Meine Augen versenkten sich in die Bläue des Himmels, den man durch die oberen Scheiben des Fensters sieht.

18. Mai 18 . .

Dank dem Heiligen Geist, der mich zu diesen reizvollen Versen erleuchtete. Ich werde sie in mein Herz verschließen und, wenn die Gnade des Himmels mir ein Wiedersehen mit Thimothina beschert, werde ich ihr die Verse als Gegengeschenk für die weißen, wollenen Socken überreichen.

Ich habe meinem Gedicht den Titel »Der Wind« gegeben.

»Es schläft in seinem Baumwollnest
der Wind mit süßem Atemhauch.
Im Nest aus Flachs schläft tief und fest
der Wind und seine Lämmer auch.

Und wenn er seine Flügel hebt
in seinem weichen Baumwollhaus
und nur der Schatten einer Blume schwebt,
gehn Wohlgerüche von ihm aus.

Fünffacher Wohlgeruch umschwärmt
mein Herz, das fünffach liebt,
und wenn die Straße nicht mehr lärmt,
den Dufthauch fünffach wiedergibt.

O Jesus, Joseph, Heilige Maria:
wie Flügel eines Kondors schwirrt
um uns der Wind, wenn man das Knie
ihm beugt, vom süßen Duft verwirrt.«

Der Schluß kommt mir ein wenig zu innerlich und zart vor. Ich hebe das Gedicht im Allerheiligsten meiner Seele auf. Bei meinem nächsten Besuch werde ich es meiner angebeteten und frühlingsfrischen Thimothina vorlesen. Warten wir die Zwischenzeit in Ruhe ab.

Warten wir!

O Herr! Dein Wille geschehe! Ich setze ihm kein Hindernis mehr entgegen. Wenn Du mit Deinem Knecht wegen seiner Liebe zu Thimothina rechten willst: Dein ist die Macht! Aber, liebster Jesus, hast Du nicht auch geliebt? Und hat der Feuerstrahl Deiner Liebe Dich nicht gelehrt, mit den Schmerzen und Qualen der Unglücklichen Mitleid zu haben?

Liebster Herr Jesus, bitte für mich! Jesus!

Ich erwartete schon so lange diesen Ausgang von zwei Stunden am 15. Juni. Meine Seele hatte sich vor Freude zusammengezogen, als ich ihr mitteilte, an diesem Tag wirst du endlich frei sein! Am 15. Juni habe ich mein schütteres Haar gekämmt und die längste Strähne mittels einer wohlriechenden Pomade auf der Stirn befestigt, genau so gelagert wie die Locken von Thimothina. Ich habe mir auch die Augenbrauen eingerieben, meine schwarzen Kleider sorgfältig gebürstet, jeden Fehler aufmerksam verbessert und fand mich erneut an der Pforte des Herrn Césarin Labinette ein und klingelte. Die Glocke hatte nur ganz leise angeschlagen.

Herr Labinette kam erst nach einer geraumen Zeit, das Käppchen etwas verlegen auf dem Ohr. Eine rauhe eingefettete Haarsträhne hing ihm wie ein Schmiß über die linke Wange. Die Hand hatte er in der Tasche seines gelb-geblümten Schlafrocks, mit der anderen stützte er sich auf die Klinke.

Er warf meinem Gruß ein trockenes »Guten Tag« hin, verzog die Nase, warf einen Blick auf meine blankgeputzten Schnürschuhe und ging vor mir her, die Hände in den Taschen und mit diesem Griff gleichzeitig den Rock raffend, wie es unser guter Abbé X mit seiner Soutane tut. Eine ganze Weile zeigte er vor mir herschaukelnd, sein anständig gewölbtes Hinterteil.

Ich folgte ihm brav.

Nun durchschritt er die Küche, und ich betrat nach ihm das Wohnzimmer.

Diese »Gute Stube«: ich habe sie in meinem Gedächtnis wie mit Nadeln festgehalten. Die Tapete zeigte ein auffallendes braunes Muster. Auf dem Kamin stand eine riesige Uhr aus schwarzem Holz mit gedrechselten Säulen und daneben zwei Blumenvasen. An der Wand hing ein Schlachtenbild von Inkermann und eine Kreidezeichnung, eine idyllische Mühle darstellend, von einem Freund des Herrn Labinette. Ich muß immer noch an das Mühlrad denken, das den Bach, der wie Spucke aussah, zu sich emporhob. Gott, eine Zeichnung war das, wie sie jeder einmal verbricht.

Das Dichten ist dem Malen doch entschieden vorzuziehen! In der Mitte des Zimmers stand ein Tisch mit einer grünen Stoffdecke. Ich vermeinte Thimothina dahinter sitzen zu sehn, obwohl es nur ein alter guter Bekannter von Herrn Labinette war.

Seinem Beruf nach Sekretär der Kirchengemeinde. Und dann entdeckte ich auch noch seine Frau, eine geborene von Rifflandouille. Ich begrüßte ehrerbietig, die mir vom Ansehn noch unbekannten Herrschaften. Herr Labinette setzte sich gleichfalls und stützte die Ellenbogen auf.

Ich nahm in einem gepolsterten und mit gehäkelten Decken verzierten Stuhl Platz und glaubte, mein Körper würde sich jetzt an eine Handarbeit lehnen, die von Thimothina herstammt. Ich legte den schwarzen Hut wie einen Schutzwall vor mir auf den Tisch und hörte andächtig zu.

Ich sagte kein Wort, mein Herz aber war um so beredter. Die Herren setzten ihr unterbrochenes Kartenspiel fort. Sie mogelten, wo sie nur konnten, und das Erstaunen darüber bereitete mir eine schmerzhafte Erschütterung.

Als das Spiel beendet war, setzten sich die Herrschaften im Kreis um den leeren Kamin. Ich war in meiner Ecke fast zugedeckt von dem Rücken des Herrn Kirchensekretärs. Er hatte sich zudem auch noch zwischen mich und Thimothina geschoben. Im Innern war ich eigentlich froh darüber, daß man von meiner Person eine so geringe Notiz nahm. Hinter dem Stuhl des Kirchenbeamten, verbannt sozusagen, konnte ich in meinen Mienen jede Regung des Herzens ungeniert spielen lassen, ohne daß jemand die Vorgänge bemerkte.

Ich gab mich also einer süßen Träumerei hin und ließ die Unterhaltung zwischen den drei älteren Herrschaften sich erregen und bewegen. Thimothina sprach nur selten, sie warf auf mich, den armen Seminaristen, ihre verliebten Blicke, und da sie nicht wagte, mir offen ins Gesicht zu sehn, richtete sie ihre klaren Augen auf meine blankgeputzten Schuhe. Und ich, verkrochen hinter den massiven Schultern des Kirchenbeamten, gab ihr mein Herz hin.

Ich begann diese Handlung damit, daß ich nach der Seite von Thimothina hinbog und meine Augen fromm zum Himmel erhob. Sie reagierte nicht auf diese Pose. Da richtete ich mich wieder auf, ließ den Kopf auf die Brust herabhängen und seufzte. Sie rührte sich noch immer nicht.

Ich öffnete ein paar Knöpfe auf der Brust, bewegte die Lippen und schlug ein leichtes Kreuz. Und noch immer achtete sie nicht auf mich. Da ... hochgerissen von meiner Liebe, bog ich mich zu ihr hinüber, hielt die Hände wie im Sakrament der Kommunion und stieß ein leises, schmerzerfülltes Ach aus.

Während ich mich so bewegte und betete, ließ ich mich vom Stuhl fallen. Der dicke Kirchenbeamte drehte sich lachend um, und Thimothina bemerkte zu ihrem Vater: »Sieh mal, der Herr Leonhard fällt wahrhaftig vom Stuhl!«

Der Vater lachte ... alles lachte.

Und ich litt.

Schließlich hob mich der Kirchenbeamte auf, setzte mich, der ich schamrot geworden war, erschrocken und ganz verstört, in den Sessel zurück. Und darauf machte er mir auch etwas mehr Platz.

Die Gesellschaft um Thimothina war mir so gleichgültig. Die Liebe hier im Schatten erriet sie nicht.

Ich versuchte zu schlafen und hörte mit einem Mal, wie sich das Gespräch mit meiner Person beschäftigte. Langsam öffnete ich wieder die Augen.

Herr Labinette und der Sekretär rauchten ihre dünnen holländischen Zigarren mit allen Finessen –.

Was ihre kleinbürgerliche Erscheinung noch grotesker machte: Die Frau Sekretär saß ganz auf dem Rand ihres Sessels, die hohle Brust vornübergebeugt und umrauscht von den vielen Falten ihres gelben Staatskleides. Den Hals schmückte eine weiße Rüsche und umblätterte ihn wie den Kelch einer Rose. Ein impertinentes Grinsen umspielte ihre Lippen und zeigte das blaue Zahnfleisch und die schwarzen abgebröckelten Zähne.

Nur du, Thimothina, sahst prachtvoll aus mit deinem weißen Spitzenkragen, den fromm niedergeschlagenen Augen und dem glattgescheitelten Haar.

»Der Herr Leonhard ist ein Mann der Zukunft«, dozierte der Kirchenbeamte, indem er den Rauch gemächlich zur Decke emporblies. »Seine Gegenwart enthüllt die Zukunft, sie wird uns alle überstehn, überflügeln . . .!«

»Das heilige Gewand des Priesters wird ausgezeichnet zu seinem Gesicht passen«, näselte die Frau des Kirchenbeamten, und ihre Zahnstümpfe wackelten dazu das Amen.

Ich errötete wie ein dummer Junge, sah die Stühle von mir abrücken und fühlte, daß man sich auf meine Kosten amüsierte.

Thimothina betrachtete mit einer zähen Ausdauer meine Schuhe, die schwarzen Zahnstümpfe bedrohten mich, der Kirchenbeamte lächelte ironisch und Herr Labinette kratzte sich an der Nase.

Noch immer hielt ich den Kopf gesenkt.

»Der Dichter Lamartine ist gestorben«, sagte plötzlich Thimothina.

Liebe Thimothina, dieser Einwurf geschah bestimmt, um die Situation für deinen Anbeter zu retten, den armen Dichter Leonhard.

Ich hob jetzt den Kopf, fühlte, daß einzig und allein die Dichtkunst dem profanen Menschen die holde Naivität wieder zurückgeben könnte und sagte, die Augen fest auf Thimothina gerichtet: »Er hat entzückende Blumen in seinem Kranz, dieser Dichter der schönsten poetischen Einfälle!«

»Jawohl, der Schwan der Verse ist gestorben«, krähte die Frau Kirchensekretär.

»Und hat seinen Schwanengesang vollendet«, fiel ich begeistert ein.

»Der Herr Leonhard ist nämlich auch ein Dichter«, rief die verschrobene Tante. »Denkt euch, im vorigen Jahr hat mir seine Mutter ein paar Versuche seiner Muse gezeigt.«

Jetzt versuchte ich mein Heil in einer gewissen Kühnheit und reckte mich empor: »Leider habe ich mein Instrument nicht zur Hand ... aber ...«

»Ihre Laute können Sie ein andermal mitbringen!«

»Wenn es den ehrenwerten Herrschaften nichts ausmacht... dann werde ich Ihnen auch ohne Begleitung ein paar Verse vorlesen, die ich Ihnen, mein Fräulein Thimothina, gewidmet habe ...«

Und dabei zog ich das beschriebene Blatt aus der Tasche.

»Sehr gut, junger Mann ... ausgezeichnet! Los ... los ... lesen Sie vor ... stellen Sie sich bitte dorthin, daß man Sie besser sehen kann!«

Ich trat nun ein paar Schritte zurück. Thimothina betrachtete meine Schuhe (zum Teufel, warum wohl?), die Frau Kirchensekretär spielte die Madonna und die beiden alten Herren lehnten Schulter an Schulter. Ich errötete, hüstelte ein wenig und begann mit singender Stimme:

»Es schläft in seinem Baumwollnest
der Wind mit süßem Atemhauch.
Im Nest aus Flachs schläft tief und fest
der Wind und seine Lämmer auch.«

Die ganze Umgebung lachte laut auf, die beiden Papas stießen sich an und drechselten grobe Wortspiele. Aber was das Unangenehmste an der ganzen Sache war: die Frau Kirchensekretär war in eine mystische Entzückung hinübergesunken, ihre Augen tasteten den Himmel ab, und die abscheulich schwarzen Zähne bleckten ekstatisch.

»Ein süßer Windhauch in einem Baumwollnest... das ist ganz köstlich, junger Mann«, schnaufte wiehernd der Herr Labinette.

Ich wollte eine Bemerkung einflechten, aber dieses Gewieher dauerte eine Weile. Die anderen versuchten ihre Gesichter zur Ernsthaftigkeit zu spannen. Immer wieder fegte ein Gekicher dazwischen, und Herr Labinette schrie: »Weiter im Text, junger Mann ... das ist köstlich ... ganz ausgezeichnet ...«

»Und wenn er seine Flügel hebt
in seinem weichen Baumwollhaus
und nur der Schatten einer Blume schwebt,
gehn Wohlgerüche von ihm aus.«

Jetzt durchdröhnte ein infernalisches Gelächter den Raum. Und Thimothina sah meine Schuhe so sonderbar an, mir wurde glühendheiß, meine Füße brannten unter ihrem Blick und gerieten in Schweiß. Ich dachte: die weißen wollenen Socken, die ich seit einem Monat trage, sind das Geschenk ihrer Liebe, diese Blicke, die sie auf meine Schuhe wirft, sind das Eingeständnis ihrer Liebe. Sie bewundert mich, sie liebt mich!

Aber mit einem Mal schien mir, als stiege aus meinen Schuhen, ich weiß nicht, ein sonderbarer Geruch empor.

Und ich begriff auch das schauerliche Lachen der Gesellschaft. Begriff, daß ich mich hierher verirrt habe und daß Thimothina mich in solcher Umgebung niemals lieben wird.

Und ich verstand, daß ich sie werde vergessen müssen und begraben ..., diese Liebe, die an einem Maiabend in meinem Herzen erblühte, in einer Küche des Bürgers Césarin Labinette ... vor einem späteren Denkmal einer Jungfrau mit der Schüssel.

Die Uhr schlug vier, das war die Stunde meines Aufbruchs. Hingerissen, brennend vor Liebe und toll vor Schmerzen, ergriff ich meinen Hut und entfloh, einen Stuhl umreißend, über die Schwelle stolpernd.

Ich lief durch den Flur ... durch den Garten und flüsterte: Ich bete dich an, Thimothina!

Ich lief, ohne mich umzusehen, geradewegs ins Seminar. Die Schöße meines schwarzen Rockes flatterten hinter mir her, wie eine gierige Rabenschar.

30. Juni 18 ..

Von nun an überlasse ich der göttlichen Muse die Sorge, meinen Schmerz einzuwiegen. Liebesmarter mit achtzehn Jahren, ... das mag übertrieben sein. Aber wenn ich an die andere Marter unseres Geschlechtes denke, die das Glück und die Freude aller Menschen ausmacht ... wenn ich dieses Mädchen nicht mehr berühren darf, das ich liebe ... dann werde ich jetzt nur noch den heiligen Glauben lieben ...!

Oh ... daß Christus, daß Maria mich doch an ihre Brust nähmen. Ich bin nicht wert, Herr Jesus, die Schuhriemen Dir zu lösen. Aber siehe meine Schmerzen! Auch ich mit meinen achtzehn Jahren trage schon mein Kreuz und eine Dornenkrone.

Aber in der Hand, anstelle des Rohres, habe ich meine Laute. Das soll das Leitmotiv und die Richtschnur meiner Übung sein.

Ein Jahr später

1. August 18 ..

Heute hat man mir das geweihte Gewand angelegt, ich werde Gott dienen, ich werde eine Pfarrstelle in einem reichen Dorf bekommen und mir eine bescheidene Haushälterin mieten. Ich habe meinen reinen Glauben, ich werde die ewige Seligkeit erlangen und werde als ein guter Diener Gottes keine Verschwendung in meinem Hause treiben.

Meine Mutter, die heilige Kirche, wird mich an ihrer Brust wieder erwärmen, sie sei gelobt, so wie ich Gott lobe!

Und was jene tiefe Liebesleidenschaft betrifft, ich werde sie auf den Grund meines Herzens versenken und den Schmerz über das Verlorene standhaft zu ertragen versuchen. Und ohne mit ihrer Wiederkehr zu spielen, könnte es doch sein, daß ich sie mir manchmal in das Gedächtnis zurückrufe ...

Solche Erinnerungen sind wohl nicht sündhaft ... doch angenehm davon zu träumen.

Ich bin gleichermaßen für die Liebe und für den Glauben geboren.

Vielleicht werde ich, wenn ich eines Tages in das Dorf zurückkehre, das Glück haben, meiner Thimothina zu beichten...

Ich bewahre noch ein Andenken von ihr auf. Seit einem Jahr habe ich die weißen, wollenen Socken nicht abgetan, die sie mir damals geschenkt hat.

Diese Socken, mein Gott: ich werde sie an meinen Füßen behalten bis zum Aufbruch in Dein heiliges Paradies.

# Gedichte aus dem Nachlaß

## Im grauen Abendregen

Im grauen Abendregen
sahn sich die Männer an
und dachten: ja, weswegen
im Regen,
ja, weswegen?

Da fragten sie den Regen,
der wußte auch nicht mehr.
Er hatte nur so dagelegen,
ganz still und wolkenleer.
Wie Regen
ja, weswegen?

Es trabte durch den Regen
ein Herr mit seinem Gaul,
der war mit seinem Degen
am Ende auch nicht faul
im Regen,
ja, weswegen?

Sie hatten ihm im Regen
alle Taschen ausgefegt
und ohne Spruch und Segen
den Leib ins Gras gelegt,
im Regen,
ja, weswegen?

Nach diesem Abendregen
sah ich keinen Mann mehr an.
Sie wußten schon weswegen
der Tag so rot verrann,
im Regen
ja, deswegen!

## Blieb nur das Gift

Von all den Liebesnächten mit den braunen
und blonden Fraun ist kaum ein Hauch zurückgeblieben,
nicht einmal mehr der Schaum von ihren Launen,
kein Flüsterwort von der Erinnerung aufgeschrieben.

Auf dem Balkon, wo man den Tee getrunken
im lauen Dämmerblau der Nachtgestirne,
ist jede Spur in Nichts zurückversunken,
umschauert vom Gespenst verschollener Gehirne.

Verräterisch nur aus des Vorhangs seidener Litze
blitzt, vom Mondlicht manchmal aufgeschreckt,
ein goldener Nadelkopf wie ein Insekt,
das scheinbar schläft, die scharfe Nadelspitze
mit einem Gift getränkt, das schmerzlos still
den Tod beruft, wenn man ihn schnell umarmen will.

## Lebenslehre

... das Ideal, geborsten wie
ein überreifer Pfirsich.

Wenn du dem Leerlauf der gehetzten Stunden,
dem Widersinn der Arbeit heil entflohen bist,
dann taucht dein Sinn, verschorft von bösen Wunden,
hinunter in den Grund, wo alles dunkel und versunken ist.

Sei wie das Tier, das auf der fetten Wiese
mit seinem nimmersatten Maul die Gräser rupft im Ruhn.
(Ein Omnibus fährt leer zurück in die Remise
vom Rummelplatz der Kirmes.) Grünes Huhn:

beiß in dein Vesperbrot zum Fleisch, vergiß auch nicht das
und füll den Wanst dir voll mit dem gegorenen [Rauchen
Karfunkelblau der Trauben. Hast nicht viel verloren
auf dieser Welt, bist wie auf dem behaarten Bauch
der Bauern eine Laus. Es wimmelt im Getreide
von Lustigkeiten, wenn ich meine Bocksgesichter schneide.

## Rondo

Im Garten blühten schon die Pflaumenbäume,
und ich lag schläfrig in dem Nesselkraut
und fühlte, wie durch die gesäulten Räume
mein Atem strich. Kein Wind war laut.
Und fern am Horizont die braunen Säume
der großen Stadt, am Hügel hochgebaut,
verloren sich. Im Geisterhaus der Träume
schlief auch der Strom mit seiner Silberhaut.

## Die Purpurschnecke

Die Unvergänglichkeit im Silbergrund der Wassergräben
lockt das Geheimnis aus dem immergrünen Rohr,
die letzten Seufzer, die ein Abgeschiedener verlor
im Schauer der Ranunkeln vor den Gitterstäben.

Zerbissenes Blatt, zu früh vom Stiel gerissen,
schwimmt goldgefleckt im engen Kreis herum,
ins Nichts hinunter, wo die Wurzeln dunkelstumm
von ihren Müttern träumen im Gebüsch der Malven und
[Melissen.

Furchtbarer Tod im Gift der Muscheln: einst zum Liebesmahl
dem ahnungslosen Freund gereicht,
das Purpurfleisch wie Frucht von Alkohol gebleicht.

Auch dieser Mörder starb. Aus seinem Aschenrest
steigt lilienweiß die Seele der Ophelia zum Hochzeitsfest,
vom Dichter vorgeahnt in seiner Zeugungsqual.

## Die Retorten

Die vorgewölbten Bäuche der Retorten kauern
auf dem Regal wie eine Reihe schwangerer Frauen,
dir vor dem Ungewissen fieberbleich erschauern
und auf das Gnadenbild der Prozession vertrauen.

Der Gott der weißen Leiber aus den feuerharten
Gemischen blanken Porzellans ist deine Ruhmesleiter,
O Wissenschaft! Die Himmelfahrt der Streiter
um ein Phantom im dunklen Mammongarten.

Aus dem Vulkan der sturmbewegten Zeugungsnächte
erhebt sich purpurdunkel das Gebilde
der Ewigkeit und strömt durch die verengten Schächte

wie eine Kinderschar im Schaum der Sterngefilde.
Es bleiben auch der weißen Leiber glatte Flanken,
und schlanke Hälse auch die lüsternen Gedanken.

## Der Hingehockte

Im Abendschein, wenn wie ein blanker Kupferhumpen
die Sonne auf den Dächern liegt, verdreht ihm die polierte Glut
den Wasserkopf. Und im Gedärm rumort das Blut,
bezwingt den Bauch und treibt ihn aus dem plumpen
Bettgestell, da hängt er wie ein Sack voll alter Lumpen.

Er muß die Schenkel und das Knie herunterdrücken,
dumpf klirrt in seiner Faust der dicke Henkeltopf.
Das Fett umspannt den Hals wie ein geschwollener Kropf,
und mehr und mehr noch muß er sich niederbücken;
es glänzt entblößtes Fleisch zutiefst an seinem Rücken.

So hockt er fröstelnd auf dem irdenen Geschirr,
die dicke Unterlippe klebt fast auf den Falten
seiner fetten Fresse; die Sonne spielt den alten
Gespenstertanz der Kringel mit dem Staubgeflirr,
zu einem Lächeln weinerlich und schon halb irr.

Und manchmal stößt die purpurne Geschwulst der Nase
mit tiefem Atemzug ins laue Grau empor.
Im dunklen Bauch posaunt ein Unkenchor
den Aufmarsch der beglückten Gase
und drückt auf das Gefäll der vollen Blase.

Verkrochen dämmern aus den Stoffbehängen
die Sessel mit den hohen Lehnen und dem Sitz
aus Rohrgeflecht. Sie fühlen wie am Fensterschlitz
sich schon die Nachtinsekten drängen
zum Flügelspiel bei geisterhaften Sichelklängen.

Die Schwüle tropft wie Blei von den verdreckten Wänden
und saugt das Hirn des Hingehockten leer,
das Haar klebt fest an den gereckten, gieren Händen,
und manchmal aus den unterirdischen Geländen
rollt schon der Donner der Gedärme her.

Der Mondstrahl spiegelt sich verblüfft auf dem gespannten
Hemdenstoff des Hinterteils. Der Kolben hängt,
zum Ende eines Stricks gelängt,
im Schattenbild mit ausgefransten Kanten
und sucht für sein Gefühl sich einen fleischernen Trabanten.

(Mai 1871)

## Théodore de Banville

dem Dichter der Blumen

I

Aus einem schwarzen Himmel, wo das Meer
im Glanz von Malven und Topas erschauert,
bezogst du deine weißen Lilien her
mit dem Klistier ekstatisch hingekauert.

In dieser grauen Zeit der Sachlichkeit,
wo selbst Gewächse sich noch nützlich machen,
muß auch die Lilie ihre Nüchternheit
an deinem frommen Vers zur Glut entfachen.

Die Lilie, die sich schon vom Schmacht-Sonett
der Wackelgreise hat umarmen lassen,
die Lilien, die zu einem Haus-Quartett
so schön mit Mohn, Salbei und Phlox zusammenpassen.

Durch deine sanften Verse taumeln sie
weit aufgebläht wie die gestärkten Röcke
der Sünderinnen; bis zum Knie
sind ihre Beine dünn wie Trommelstöcke.

Und steigst du prustend aus dem Wannenbad,
weht durch den Flüsteratem der Pergolen
dein weißes Hemd wie ein betäubtes Blatt
im Duftgewölk der blauen Nachtviolen.

Kein trunkner Kuß hat deinen Mund berührt,
auf deinen Lippen starb nur Hauch von Flieder
und hat mit süßem Speichel dich verführt
zu dem Geschmeide schwüler Blumenlieder.

II
O Dichterjüngling, wenn sich einmal nur
ein Kranz aus rosenrot und Lorbeerzweigen
um dein Erschauern flechten würde, um die Spur
des Ruhms auf deiner blassen Stirn zu zeigen!

Als Banville sie herniederschneien ließ,
die roten Rosen und im Kreis sich drehte,
da glänzten seine Augen wie geschliffner Kies,
und von den Wimpern troffen die Gebete.

Laßt eure Wälder eure Wiesen nicht
so ungerupft vorübergehn an eurer Nase.
Auch Blumen haben ihr gewisses Urgesicht
wie Pfropfen in dem grünen Flaschenglase.

Und auch die pflanzenhaftesten Franzosen sind
oft so vergrämt und lächerlich verschroben
wie das Gebiß von Hunden, wenn sie blind
auf krummen Beinen durch die Straßen toben.

Nach dem verliebten Spiel beim Fackelschein
mit blauer Lotos und Oleanderblüten

laß eine kleine weiße Schwester in dein Herz hinein
mit Ambra ihren Kindersinn zu hüten.

Die Ode Acoka ist abgestimmt
auf den Gesang der Frau im Fensterrahmen.
Durch die Reseda ihrer Blumentöpfe schwimmt
der Purpurfalter süßer Kosenamen.

Verwelkter Lorbeer, abgesprungener Kalk:
o Backenstreich der frommen Pflanzenseelen
hier im Salon der Rosenkatafalk!
Ins Maulwurfsloch gehören diese scheelen

Gesichter, diese Mumien ohne Blatt,
die Granville auferhoben hätt zu seinen
Geschwistern und mit ihrer Tränenflut
den Stern gesäugt, die Geisterschrift aus Glitzersteinen.

Selbst an den Rändern eurer Flöte ist
der Speichel schon zu Zuckerkand gefroren.
Verfaulte Eier, Haufen Hühnermist:
das sind die Rosen eurer Oden, mißgeboren.

III
O Sonntagsjäger, der du splitternackt
das Gras zertrittst mit deinen Späherschritten:
vielleicht ist dein Gehirn botanisch vollgepackt,
doch was du wissen müßtest, ist längst abgeglitten.

Ich glaube, du verwechselst gelb und rot,
die Grille mit der spanisch grünen Fliege,
den blauen Rhein mit Gräben torfverschorft und tot
und glaubst, daß Florida in Schweden liege.

Doch wer heut Verse schreibt, der braucht nicht mehr
zu wissen, was die Regeln starr diktieren.
Die Eukalypten wiegen so gedankenschwer,
auch wenn sie ihre Strophenform verlieren.

Und in den Tropen Brot- und Gummibaum
sind nicht nur für die Sprünge da der Affen,
die in dem Wirrwarr der Lianen ihren Frühlingstraum
mit dem Geschrei nach einem Weib verpaffen.

Bedenkt, daß keine Blume, sei es Silberlack,
Reseda oder Rosmarin, dem Weitertreiben
so wichtig scheint wie eine Vogelkack
und die paar Tropfen, die von einer Kerze übrig bleiben.

Ich sage nur, was mir das Blut befohlen hat.
Und du, in deinem Bambushaus seit Wochen
vom Leben abgeschnitten und so satt,
wie ein Insekt im Teppich tief verkrochen:

Vielleicht ist dir der Ekel vor dem Blumenkult
allmählich hochgekommen wie die Wassermassen
den Flüssen um die Regenzeit. Geduld:
auch diese Spur wird bald ins Nichts verblassen.

IV

Besinge nicht das zarte Laub der Reben,
vom Reif der Frühlingsnächte schwarz verbrannt.
Auch Baumwollkraut und Tabakblatt verweben
sich zum Gefühl von Ruhm und Vaterland.

Mit deiner braunen Stirne, Mann, gesteh:
um wieviel Dollar dein Vermögen sich vermehrte
auf der Havanna-Farm am Erie-See;
besinge auch Sorrent und die von keinem Schiff durchquerte

Korallenbucht, wo sich zur ersten Brut
millionenfach die Schwäne niederlassen,
auf daß dein Vers durchströmt von Tropenglut,
ein Preislied sei für Wind- und Dampfbarkassen.

Dein Loblied leuchte wie der Mond so rot
und soll uns schwer betrunken machen
mit seinen Früchten, Nuß- und Honigbrot,
und seinem Gummizeug und Silbersachen.

Laß uns erfahren, ob es Schnee und Eis
auch am Äquator gibt, wo das Geflügel
noch goldene Eier legt und Ehrenpreis
mimosenhaft den Busch bewuchert und die Hügel.

Vielleicht entdeckst du auch für unser Heer,
zum Ruhme der Franzosen,
aus Schneckensaft und Wurzelteer
den roten Farbton der Paradehosen.

Und suchst die Blumen, die am Rand der Nacht
verwandelt sind zu sanften Tiergesichtern.
Auf die erschrocknen Büffel tröpfelt sacht
ein schwarzes Öl aus goldnen Muscheltrichtern.

Besinge auch die Wiesen, wo im Purpurlaub
das Silber zarter Schachtelhalme schimmert
und aus Kakteenkelch und Samenstaub
der Atem ungeborener Sterne flimmert.

Und such im Dickicht das verfilzte Haar
der Distelköpfe, wo sich Gnu und Zebra-Stuten
zum Tausendfuß verknoten und ein Knospenpaar
sich Ruhesessel wirkt aus Bambusruten.

Such in dem schwarzen Schacht der Mitternacht
die blauen Hyazinthen, deren Schäfte
versteinert sind und wie aus Glas gemacht,
durchströmt vom Atem fremder Sonnenkräfte.

Und biete uns (denn das vermagst nur du!)
auf einer Silberplatte, goldbeschlagen,
von Zimt und Honignelken ein Ragout,
das unsre Löffel schwärzt und Löcher reißt im Magen.

V

Doch irgendeinmal wird die große Liebe sich
erbarmen und den Räuber laufen lassen.
Denn weder Kater Murr auf seinem Strich
noch darf sein Gipfel so sein Blut verprassen.

Laß deine Wunder ein in unsre Nüchternheit
mit dem Geruch erregter Lust-Essenzen,
errege unsere Reinheit, bis wir sie im Kinderkleid
auf dem Altar der Jungfernschaft kredenzen.

Du Handelsherr, Minister, Lichtprophet:
Dein Vers sei Silber- oder Purpurflamme,
am Hügelrand bengalisch aufgedreht
und leichter wie die Luft in einem Schwamme.

Aus deinen priesterhaften Versen, Zauberstab,
gewittern grün-elektrisch Bogenstrahlen
von Blumen, die es vor der Sintflut gab
und Schmetterlinge, blaß wie Muschelschalen.

Das Höllenjahr der Unterwelt bewohnt
dein Hirn, und vom Gewirr der Stangen,
das hoch auf deinen Schultern thront,
ist der Choral der Kupferdrähte ausgegangen.

Doch eine Ode, Stanze oder ein Sonett
hast du vergessen. Dichte die paar Sätze
von den Kartoffeln, wenn sie auf dem Fensterbrett
verfaulen im Gestank der schwarzen Krätze.

Und weil man deine Verse lesen muß
von A–Z, laß sie in einzigem Band erscheinen
und neige deine Stirne uns zum Kuß,
die königliche, mit dem Reif aus Gold und Edelsteinen.

## Les Stupra*

Les anciens animaux saillissaient, même en course,
avec des glands bardés de sang et d'excrément.
Nos pères étalaient leur membre fierement
par le pli de la gaine et la grain de la bourse.

Au moyen-âges pour la femelle, ange ou pource,
il fallait un gaillard de solide grément;
mûe un Kléber, d'après la culotte qui ment
peut-être un peu, n'a pas dû manquer de ressource.

* Die ersten acht Verse dieses Gedichts sind von Verlaine verfaßt.

D'ailleurs l'homme au plus fier mammifère est égal;
L'énormité de leur membre a tort nous étonne;
mais une heure stérile a sonné: le cheval

et le boeuf ont bridé leurs ardeurs et personne
n'osera plus dresser son orgueil génital
dans les bosquets ou groulle une enfance bouffonne.

II

Nos fesses ne sont pas les leurs. Souvent j'ai vu
des gens déboutonnés derrière quelque haie,
et dans ces bains sans gêne ou l'enfance s'égaie
j'observais le plan et l'effet de notre cul.

Plus ferme, blême en bien des cas, il est pourvu
de méplats éviedents que tapisse la claie
de poils; pour elles c'est seulement dans la raie
charmante que fleurit le long satin touffu.

Une ingéniosité touchante et merveilleuse
comme l'on ne voit qu'aux anges des saints tableaux
imite la joue ou le sourire se creuse.

Oh! De même être nu, chercher joie et repos
le front tourné vers sa portion glorieuse
et libres tous les deux murmurer des sanglots?

III

Obscur et froncé comme un oeillet violet*)
il respire, humblement tapi parmi la mousse
humide encor d'amour qui suit la rampe douce
des fesses blanches jusqu'au bord de son ourlet.

Des filaments pareils à des larmes de lait
ont pleuré sous l'autan cruel qui les repousse
à travers de petits caillots de marne rousse,
pour s'aller perdre où la pente les appelait.

Mon rêve s'aboucha souvent à sa ventouse,
mon âme du coit matériel jalouse
en fit son larmier fauvre et son nid de sanglots.

* Diese Verse stammen nachweislich von Rimbaud.

C'est l'olive pâmée et la flûte câline,
le tube d'où descend la céleste praline,
Chanaan féminin dans les moiteurs enclos.

## Mein Herz singt . . .

Als wären alle Bäume Fahnen noch im Wind
und süßen Weines voll die weißen Straßen –:
liegt hoher Feiertag und Sonne ohne Maßen
in dieser Luft, die wolkenlos zu Diamant gerinnt.

O blauer Sommertag! O jetzt auf einem Pferd
in wilder Jagd durch die entvölkerten Alleen
bis zu den Wäldern, die sich irr im Kreise drehen!
Mein Herz schlägt hoch und wird schon Feuerherd.

Brennt mit der Sonne, brennt mit wildem Mohn.
Schön ist die Wollust! Erde endlich Eden wieder
und Eva: Apfelfrau auf dem gewohnten Thron.

Ich kitzle ihre Brüste mit der Zunge, mit dem Tiergebiß.
Ich küsse mich noch tiefer zu den Rosenbüschen nieder
und weiß nicht mehr, ob etwas schluchzte. . . oder riß.

## Lüge des Orients

Ist sie wirklich Indiens Dichterin?
Wird sie selbst den Scheiterhaufen schichten?
Diese blasse Blume aus dem Dschungel
kann nur ungemeiner Tod vernichten.

Draußen vor dem rauchigen Gemäuer
ahnt der Morgenwind schon das Zerbröckeln
dieser Fürstentümer märchenalt, dieser kranken Rasse
mit den Knabenhüften auf den hohen Stöckeln.

Manchmal sind die Maskenfeste schön gewesen,
irgendwann traf man ein wildes Luder.
Aber seit ich dich so tierbesessen habe,
nenn ich keinen Menschen mehr: »Du Bruder!«

Durch den Garten geistern sie auf Fackelwegen
und berauschen sich an starken Drogen.
Aber du da, weiße Lotos, mir am Herzen,
hast du wirklich nicht den Orient gelogen?

## Ich bin mit Fluch geschlagen

Einsamer Knabe, grabe ich das schwarze Mal
auf meiner Stirn nach innen. Bin mit Fluch geschlagen.
Bin Tier und Gott und muß die alte Erde tragen
in meinem tiefsten Blut als eingeborne Qual.

Ich muß vor allem Volk mein schweres Knabentum
aufspielen zu den Harfenwundern der Vokale.
Ich weiß, daß ich die winterweiße Marmorschale
der alten Meister füllen muß mit jungem Ruhm.

Ich aber will noch höher Raum. Will an dem Meer beginnen.
Ich spüre Wind von Palmen durch mein braunes Haar.
Ich habe Lust nach dem Geruch von Negerinnen.
Ich will noch Insulanern der Barbar,
der Teufel sein und aus den bunten Papagein
das Gift der Tropen saugen und mich heiser schrein.

# Drei Aufsätze
# des Schülers Rimbaud

Von der Sonne kam noch eine schöne Wärme. Ihr Licht war aber schon schwächer geworden und wie eine rote Fackel loderte sie über den Bergwäldern. Ein matter Glanz fiel auf die Bäume herab. Es welkten die Blätter und unten die kleinen Blumen. Da kam ein erfrischender Wind aus den Tälern herauf, und versuchte, das traurige Geflüster der Fichten, Pappeln und Eichen wieder aufzuheitern. Es begann eine sanfte Melodie, wie auf einer Hirtenflöte und das silberhelle Geglucks der Bäche sang die zweite Stimme dazu. Die Farnkräuter neigten ihre verwirrten Grünstirnen dem Wind. Und ein Reh stand da mit großen, goldenen Augen. Der schwere Duft des Laubes schloß meine Augen zu. Vielleicht war ich auch benebelt von dem hellen Wasser, das ich eben getrunken hatte. Ich träumte, ich wäre in Reims im Jahre 1503 geboren. Reims war damals nur ein kleiner Marktflecken, aber schon berühmt wegen seiner herrlichen Kathedrale, diesem Denkmal, als Clovis zum König gekrönt wurde.

Meine Eltern waren nicht gerade reich, aber ehrbar und angesehen. Sie bewohnten ein kleines Haus, das schon lange ihr Eigentum war. Dazu hatten sie ein Vermögen von einigen tausend Franken und eine jährliche Rente von Mutters Verwandtschaft. Mein Vater war ein Feldobrist im Heer des Königs. Er war groß, schlank aber kräftig mit schwarzen Haaren, schwarzem Bart, dunklen Glutaugen und erdbrauner Hautfarbe. Obgleich er bei meiner Geburt erst 48 Jahre gezählt hatte, mußte man ihn doch für einen Sechzigjährigen halten. Sein Charakter war untadelig, wenn man von einem leichten Jähzorn absah. Was ihm nicht behagte, das schüttelte er energisch ab. Und tat es offen und gerade heraus.

Meine Mutter hingegen war ganz anders geartet. Sie lebte durch den Tag in einer taubenhaften Sanftheit, sie konnte vor einem Nichts maßlos erschrecken und leise vor sich hinweinen. Das Haus hielt sie sauber, sie war ein vollkommner Ordnungsgeist und ließ die Dinge wie an einem Schnürchen ablaufen. Sie war von so stiller Gemütsart, daß mein Vater sie wie ein kleines Mädchen behandelte. Ich war ihr Nesthäkchen. Meine Brüder waren viel größer und zu tollen Streichen aufgelegt. Obwohl ich gern mit ihnen gespielt hätte, ließen sie mich doch allein bei den Tieren auf dem Hofe oder den Blumen im Garten. Das

Schreiben und das Rechnen machten mir keine Freude. Viel lieber machte ich für die Mutter Besorgungen in der Stadt. Herrlich: die bunten Läden und Märkte!

Eines Tages versprach mir der Vater 20 Sous, wenn ich ihm eine Division ausrechnen würde. Ich büffelte bis mir der Schädel brummte und bekam doch nicht die Lösung fertig. Wie oft schon hatte mir der Vater viel Geld versprochen oder Näschereien, einmal sogar fünf Franken: wenn ich ihm etwas vorlesen könnte. Ich weiß nicht mehr, warum ich nicht lesen lernen wollte.

Aber der Vater gab mich, als ich zehn Jahre alt wurde, dennoch in die Schule. Da sollte ich Griechisch und Latein lernen. Wozu braucht man das eigentlich? Überhaupt: was geht mich das alles an? Welchen Zweck hat für mich die Schule? Die Leute sagen, man bekäme dann besser eine Anstellung. Ich will ein Kaiser oder ein Rentier werden. Aber selbst wenn man eine Anstellung nähme –: wozu ist da Latein nötig? Kein Mensch spricht dieses tote Zeugs. In der Zeitung lese ich freilich manchmal etwas Lateinisches. Aber, Gott sei Dank, für einen Journalisten halte ich mich viel zu gut. Basta!

Aber auch Geschichte und Geographie soll man lernen. Gewiß, es ist wahr, man muß es wissen, daß Paris in Frankreich liegt. Aber auf welchem Breitengrad: – mein Gott, die Welt besteht doch nicht aus lauter Geographie-Professoren. Wissen die Hunde etwas vom Äquator, wenn sie mit der Wurst über den Rinnstein springen?

Geschichte zu lernen, das Leben eines Chinaldo, Napopolassa, Darius, Cyrus, Alexander und der anderen Gevatter auswendig herunterschnarren, ihre verfluchten Namen zu pauken, bis man ein tolles Karussell wird, das ist doch eine mittelalterliche Quälerei. Was geht mich das an, daß Alexander ein besonderer Kerl war. Wer will mir beweisen (und wozu auch), daß die Römer überhaupt gelebt haben. Ihr Latein ist eine erdichtete Sprache. Und selbst wenn dieses hochmütige Pack existiert hat, dann sollen sie ihre verdammte Sprache gefälligst für sich behalten und mich Rentier werden lassen. Was habe ich ihnen getan, daß sie mich so schinden mit ihrem staubigen Kauderwelsch.

Nehmen wir jetzt noch das Griechisch vor. Diese ganz besonders dumme Sprache sprechen noch nicht einmal die Kaffern. Und das sind doch besonders kluge Leute. Laßt mich in Frieden mit eurem dämlichen Sprachunterricht. Ich will Rentier werden. Keinem Menschen einen krummen Buckel machen. Und zuletzt: es ist doch wahrhaftig nicht so angenehm, sich ewig die Hosen auf den Schulbänken durchzuwetzen. Die schönen neuen Hosen.

Wenn man ein Stiefelputzer werden will, vielmehr wenn man eine Anstellung als solcher erlangen will, muß man da auch eine Prüfung machen? Alle Berufe, die für unsereinen aufgespart werden, sind Schuhputzer, Nachtwächter oder Ochsentreiber. Ich, Gott sei Dank, spekuliere nicht auf diese Versorgung. Ich weiß, daß es zuweilen auch Ohrfeigen als Lohnzulage gibt, daß man euch Dreckvieh nennt, Lauseköppe ... Das seid ihr doch garnicht meine Brüder, wie?

Verflucht noch nicht mal!

Aber vielleicht kommt eine Fortsetzung. Geduld!

Arthur

## Schuljahr 1865

*Sommer an der Maas*

Da bin ich gestern am Fluß baden gegangen. Es war so heiß in der Stadt, aber unter den Weiden im Gras lag ich eine ganze Weile und kühlte mich ab. Ein Käfer mit einem Goldhelm kroch über meine Hand, die Fliegen wollten meine schöne rote Zunge sehen und im Rohr zankten sich die Wasserspatzen so laut, daß ich schon einen Stein suchte. Aber da kam zuerst Barbara und sah sich um. Ich machte mich so grün wie das Kraut. Und nun glaubte Barbara, daß ich ein Frosch sei. Und zog sich aus und: hupf – da blänkerte sie schon ganz weiß im Schilf. Ich dachte zuerst: da rudert ein Schwan. Verdammt: Barbara kann besser schwimmen als ich. Jetzt hatte ich keine Lust mehr, ins Wasser zu gehen. Ich ließ den Schwan herumpantschen und schnitt mir ein Pfeifchen aus Weidenrohr. Wie lästig sind doch die roten Ameisen, wenn man so faul im Gras liegt und an garnichts denkt. Ganz heimlich denke ich vielleicht doch etwas. Aber das könnte ich nur Barbara sagen. Jetzt steht sie da so nachdenklich bei den Wasserrosen, das saftige Kraut geht ihr bis zum Bauch. Ich möchte schon ganz gern mit ihr spielen. Nein, tiefer ins Wasser möchte ich sie stoßen; schreien soll sie und nicht eher wird sie losgelassen, bis sie mir einen Kuß gibt. Warum darf ich nur meine Schwester küssen und nicht auch Barbara? Ich glaube nicht, daß Barbara so nach Zwiebeln aus dem Mund stinkt. Pfiiii –: da habe ich einen Stein nach ihr geworfen. Wie blöd sie sich umguckt: »Bäh –: da bin ich! Ich . . . Ich . . .!« Sie sieht mich wahrhaftig nicht und hat Angst, wieder ans Land zu kommen.

Wenn ich ihr nun die Kleider wegnehmen würde . . . und sie so . . . wie sie da bei den Wasserrosen steht, nach Hause laufen muß – Gott, da würden die Leute aber lachen. Aber vielleicht ist sie garnicht so dumm . . . und macht sich aus dem Wasserrosenkraut einen Mantel . . .

Siehst du, nun kommt auch Vitalie. Ich schrei ganz laut: Vi-ta-li-a-!

Nun hat mich Barbara endlich gesehen und kommt aus dem Wasser. Sie will sich neben uns legen. Ich bin ganz heiß von der Sonne gebrannt. Und ihr Bauch ist wie Eis. Vitalie will Barbara fortjagen. Ich schlage vor, daß wir alle drei ins Wasser gehn. Ich weiß eine Stelle im Fluß auf der anderen Seite, da sind Krebse unter den Steinen. Die beiden dummen Mädchen haben plötzlich Angst vor den Krebsen. Sie wollen nicht mitgehn. Vitalie sagt: »Ich möchte lieber einen Kranz von den schönen Wasserrosen flechten, für die heilige Mutter Gottes . . .«

Ich bin so faul, ins Wasser zu gehn. Die Mädchen ziehen mich an den Beinen. Aber ich bin stärker. Ich will nicht. Die Krebse werden morgen doch auch noch da sein. Wenn nicht, dann soll sie der Teufel frikassieren.

Jetzt geht Vitalie mit Barbara allein ins Wasser. Wie Enten paddeln sie da. Und spritzen mich naß. Ich bin so faul. Ich habe eine Schnecke erwischt. Ich lasse sie über meinen Bauch krauchen. Wenn sie oben am Hals sein wird, vielleicht ziehe ich mich wieder an und gehe nach meinem Igel schauen. Ich habe nämlich in der vorigen Woche einen gefangen. Ein putziger Kerl ist das. Brot frißt er nicht. Aber Mäuse, die ich ihm auf dem Speicher fange. Wenn mir bloß den Igel keiner fortnimmt . . . Ist das nicht . . . der Herr Pfarrer . . ., der da den Weg herunter kommt? Jupp –: da bin ich im ganz tiefen Rohr. Und höre, wie er mit den beiden Mädchen zankt. Ich drehe ihm eine lange Nase. Es ist ungeheuer grün um mein Gesicht. Hier könnte man einschlafen, nanu? Will der Herr Pfarrer etwa auch baden? Teufel, diesen schwarzen Walfisch möchte ich schwimmen sehn! Warum wohl hat er Barbara eben so merkwürdig die Backe gestreichelt? Es ist so stickig heiß hier im dichten Rohr. Und die aufdringlichen Fliegen rücken mir nicht von der Pelle.

Verdammt: da geht der Herr Pfarrer mit den beiden Mädchen nach Hause. Vitalie hat vergessen, die Strümpfe anzuziehen. Wenn ich sie im Gras da vorn finde, werde ich einen Frosch reintun.

Überhaupt ist es nicht mehr so schön hier unten am Wasser. Und in die Bibelstunde mag ich heute abend auch nicht gehn. Ob Onkel Johann durch sein Glas wieder die Sterne anschaun wird? Der große Mond geht mir noch immer im Kopf herum. Ich möchte mit dem armen Mond-Mann gern tauschen.

Vielleicht nehme ich Barbara mit nach dem Mond.

Uh . . . ist das Wasser jetzt kalt.

## Schuljahr 1870

### *Charles d'Orléans an Louis XI.*

Sire! Die Zeit hat ihren Regenmantel ausgezogen. Die Quartiermacher des Sommers sind da. Jetzt haben wir keinen Augenblick Zeit mehr, den Kopf hängen zu lassen. Es lebe die Ballade, der Tanz, die Liebe und alles, was uns freut.

Die Herren Schreiber der Basoche mögen ihre Mäuler auftun und die Schnurren auf uns loslassen. Wir wollen von dem frommen Wandel der Heiligen und den Missetaten der Taugenichtse hören. Auch die Geschichte von der Bekehrung Theophilus' und die Romreise der Apostel Paulus und Petrus, ihre Martern und Anfechtungen sollen uns willkommen sein. Ehrerbietung den eleganten Damen, den Modepüppchen in Seide und Samt.

Sire: wenn der Himmel sein neues blaues Kleid angezogen hat und die Sonne uns auf den Kopf scheint, bekommt man Lust sich im Rasen zu wälzen, die Ringelreihn-Lieder zu summen und, wenn das Blut richtig durchwärmt ist, mit heller Stimme die frechen Balladen zu singen: »Ich bin in einen Baum verliebt« oder »Nur einmal, schöne Frau sagt ja!«

Ich bin entzückt von den Erlebnissen solcher Jahreszeit, und euch, wenn ihr wollt, wird es nicht anders ergehen, Sire!

Denkt an den Meister François Villon, den Brausewind, den

lustigen Schelm, der bei Wasser und Brot den ganzen Vorrat der Liebe zusammengereimt hat. Und da hockt er noch immer in den unterirdischen Gewölben des Châtelet und weint sich die Augen rot. Weil die Henker ihn piesacken: »Du Hund, morgen wirst du gehenkt!« Da wehklagt der arme Teufel und hat für sich und seine Kameraden schon das Grablied gedichtet. Dieser nichtsnutzige Kindskopf, dessen Verse Ihr, wie man mir berichtete, mit Andacht streichelt!

Bald wird sein hagerer Leib auf dem Hügel Montfaucon, mit dem Wind um die Wette tanzen, im Regen und in der Sonne, von den Elstern angefressen und von den Raben zerrupft.

Sire! Der Villon treibt nicht aus Übermut sein schnurriges Wesen. Solche Kerle haben alle Hände voll zu tun. Pfarramtskandidaten, die lieber zurück zur Universität wollen, Maulaffen, Schlangenbeschwörer, Musikanten, die ihre Suffschulden mit Liedern bezahlen, Pferdejungens, Stromer, Soldaten, die ihre Nase lieber in Weinkrüge als in Sturmhelme stecken: All diese verdammten Burschen, diese Luder der Not, trocken und schwarz, wie Schornsteinfegerbesen, die das Brot nur im Schaufenster der Bäcker sehen, denen der Frost gehörig einheizt und die Gliedmaßen blau färbt –: dieses himmlische Vagantenpack hat sich den Villon zum Schutzpatron erwählt. Und solche Kerle, die die Welt zwischen den Zähnen haben, werden nie eine bessere Nährmutter als den Villon finden.

Die Not verdirbt den guten Willen der Menschen, der Hunger jagt den Wolf aus einer Waldhöhle in die Stadt. Vielleicht hat solch ein Vagabund heimlich einen Griff in einen Metzgerkübel getan und sich die Kaldaunen um die Fäuste gewickelt, um sie in der Schwemme bei dem buckligen Popien schmoren zu lassen, oder er hat dem Bäcker die Semmeln aus dem Marktkorb geklaut und dem Weinhändler die Rotweinpullen leer gesoffen und Wasser hineingefüllt.

Oder er hat an einem schönen Saufabend in der »Zinnschüssel« den Nachtwächter verbläut. Als dieser finstere Ordnungsgott Feierabend blies. Vielleicht hat er auch gleich ein ganzes Dutzend von der Sorte oben auf dem Montfaucon dabei erwischt, als sie mit ihren netten kleinen Freundinnen bei der Abendtafel saßen und die Beute teilten.

Seht, auf dieser schiefen Ebene bewegen sich alle Missetaten Villons.

Aber wir wollen noch die andere Seite betrachten. Da hat er uns einen Dickwanst von Domherrn beschrieben, wie er im warmen Zimmer mit der Dame seines Herzens die netten kleinen Schäferspiele treibt. Genau so, wie auch die Herren Kapläne mehr auf das Beichtgeschwätz der Eheweiber und Dienstmägde erpicht waren, als die sakralen Handlungen zu erfüllen. Deshalb riet er den inbrünstig Frommen: ihre Seelenbetrachtungen und Rosenkranzübungen hinter dem Bettvorhang vorzunehmen. Und muß dafür büßen, der Witzbold und anmutige Sänger. Wird eingelocht und zappelt in den Krallen der schwarzen Vögel, die ihr Richteramt mißbrauchen und jeden hängen, dessen Visage ihnen nicht paßt. Da zappeln sie als ein ausgewitzter Rosenkranz in den Armen des Waldes, verlacht vom Mond, umheult von den Wölfen und angespien von dem nichtsnutzigen Regen. Wir alle weinen Tränen über die von hinterlistigen Gesetzen verdammten Engel. Und wenn ihr des Villon lustige Balladen lest und daran denkt, weshalb man diesem lustigen Schreiber den Kopf nach hinten gedreht hat, ihr werdet euer Leben lang die Erschütterung nicht mehr aus dem Blut bannen können.

Überlegt euch das noch einmal: wie traurig ist der Henkerstrick im Mai, wenn alles ausschlägt und trillert!

Villon, der Gauner und Wegelagerer?

Ein Meister ist er und das treueste Kind der Welt.

Die dicken Rahmsuppen der Jakobiner hat er in den Rinnstein gegossen, lebt sein Christentum streng nach der Bibel und hält die heilige Jungfrau und ihren Heerbann in Ehren. Er achtet die Gesetze des Parlaments und verachtet die Feinde Frankreichs. Er versohlt den Schankwirt, der Wasser in den Wein pantscht, und in seinen guten Stunden ist ihm sogar klar geworden, daß er in seiner Jugend ein toller Hecht war. Einen langen Winterabend beim krummen Maubuay oder sonstwo in einem gottverlassenen Winkel, wenn ihn der Hunger plagte und der schorfige Husten, ließ er sich das hagere Gesicht von einem armseligen Feuer aus Hanfkraut bestrahlen und dachte daran, was für ein großes Tier in einem schönen Palast er hätte sein können, wenn das Examen besser ausgefallen wäre.

Manchmal steckt er sein verrußtes Gesicht in die offnen Türen hinein und wittert die leckeren Bissen Fleisch, Eier und Weizenbrot. Heult fast, ich bin ausgehungert nach einem ordentlichen Braten mit Knoblauch und Pimpernelle, nach Burgunder in Silberkannen und gezuckerten Früchten.

Ach, hätte ich nur meinen Doktor gemacht und die Tochter von dem Getreideschieber gleich nebenan geheiratet!

Seht, meine ausgefransten Hosen, die bösen Zungen aus allen Falten und meinen Mantel mit den aufgerissenen Fenstern nach allen Seiten, meinen schäbigen Filz mit der zerschlissenen Hahnenfeder!

Mir neigte sich kein gnädiger Alexander mit Leibrente und Feiertagskleid. Ich hätte singen können wie der heilige Orpheus und wäre in Ehren gestorben. Hier aber hat man nichts als ein paar lederne Balladen zum Nachtmahl, rote Mondfladen auf den Dächern und den schaukelnden Laternenschein auf dem Pflaster. Manchmal begegnet man den kleinen Strichmädchen und sieht ihre Geschäftskniffe. Hört die Betrunkenen mit ihren Zinnkrügen lärmen und zum Geheul der Fidel und süßen kleinen Kätzchen den Sarras durch die Luft sausen.

Es ist ein grauenhaftes Jammertal, dieser Irrgarten der vorspringenden Giebel und schiefen Türme, wo nichts als Zank und Betrunkenheit, Armut und Gemeinheit laut ist.

In dieses Nest kehrt immer wieder der gerupfte Strichvogel zurück und bevölkert die Schankstuben und legt sich zu den Huren.

O Sire, in dieser verwahrlosten Zeit versagen die Flederwische. Villon wird zappeln, sich die Zunge ausbrechen nach einem Freitisch. Er hängt von der Gnade des Parlaments ab, und die schwarze Riesenkrähe wird den kleinen Singvogel nicht anhören.

Sire, es ist eine Gemeinheit, wenn man diese netten Balladensänger einfach aufhängt. Die Dichter haben nirgends eine Heimat. Gönnt ihnen die paar lausigen Sommertage, laßt sie laufen, wohin sie mögen, und huren und fingern und frohe Lieder singen.

Wir wollen in Ruhe verdauen und unseren sauren Wein trinken.

Der liebe Gott sieht gnädig auf die Welt herab. Und Ihr: seid nicht minder freundlich zu Euren Dichtern.

Nachwort

»Um zu verstehen, muß man sich hingeben, und ich erinnere mich genau, wie ich diesen Akt der Hingabe am ersten Tage vollzog, an dem ich sein Werk erblickte. Ich las nur wenige Zeilen an jenem Tage... und legte dann, zitternd wie ein Blatt, das Buch wieder fort... Hätte ich Rimbaud in meiner Jugend gelesen, hätte ich vielleicht niemals eine Zeile geschrieben. Welch ein Glück ist zuweilen unsere Unwissenheit!«[1] So beschreibt Henry Miller seine Begegnung mit den Sätzen dieses Dichters, der für ihn »von Wölfen gesäugt« war, »Flügel zu haben und doch an die Erde gekettet zu sein« schien, sich nicht von einem auf ihm liegenden »Fluch« befreien konnte. Einmal nennt er ihn »reinen Dynamit«.

Eins der Worte, die Rimbaud liebte, ist »Explosion«. (»Die menschliche Arbeit! Das ist die Explosion, die meinen Abgrund von Zeit zu Zeit erhellt.«) Das Auftauchen seiner Poesie – auf wenige frühe Jahre zusammengedrängt – geschah »explosiv«. Bis heute hat dieser Vorgang für den, der sich ihm lesend überläßt, nichts von seiner faszinierenden, irritierenden, gegen die vertraute Realität sich auflehnenden Kraft eingebüßt. Was erfahrbar wird, ist eine – vor allem in den ›Illuminations‹ und der ›Saison en enfer‹ – sich unerhört steigernde Heftigkeit und Schärfe des Ausdrucks, des abkürzenden, elliptischen Sprechens, das immer prägnanter und rätselhafter zugleich wird.

Hugo Friedrich[2] hat davon gesprochen, daß sich Rimbauds Dichtung zunächst begreifen läßt als Verwirklichung theoretischer Entwürfe Baudelaires, daß sie aber ein völlig verändertes Bild bietet; daß die ungelösten, doch von einer strengen Form gehaltenen Spannungen der ›Fleurs du mal‹ bei Rimbaud zu reinen Dissonanzen werden, die Themen zuweilen kaum noch erkennbar sind, zahlreiche Bruchstellen zeigen. »Der Kern dieses Dichtens ist... eine brodelnde Erregung. Seit 1871 bringt es keine nachvollziehbaren Sinngefüge mehr hervor, sondern Fragmente, gebrochene Lineaturen, sinnlich scharfe, aber irreale Bilder.« Daß ein solches Dichten mit seinen neuen, fremdartigen Chiffren, seiner vieles Herkömmliche auflösenden Wort-Alchimie sowohl für Autoren des Surrealismus

1 Henry Miller, Rimbaud oder Der große Aufstand. Sammlung Luchterhand 863. Frankfurt am Main 1989.

2 Hugo Friedrich, Die Struktur der modernen Lyrik. Von Baudelaire bis zur Gegenwart. rororo Enzyklopädie. Hamburg 1956

wie des Expressionismus von großer Bedeutung sein konnte, liegt auf der Hand.

Wenn man den umfangreichen Essay über Rimbaud und dessen Werk liest, den der Lyriker und Erzähler Paul Zech 1924 veröffentlicht hat[3], kann man verstehen, daß ihn die eruptive Gewalt, die er bei diesem Autor fand, dazu gebracht hat, dem eigenen Leben eine andere Richtung zu geben. Er verzichtete darauf, Bergbauingenieur zu werden (was er zunächst vorhatte), und widmete einen großen Teil seiner Arbeitskraft der Nachdichtung von Rimbauds Poesie. Wesentlich war in diesem Zusammenhang offenbar eine persönliche Begegnung. Einige Zeit lebte Zech in Charleroi in den Ardennen (nicht weit von Rimbauds Geburtsort Charleville), war dort Kesselheizer in einem Eisenhüttenwerk, um die Bedingungen kennenzulernen, unter denen die Menschen arbeiteten. An René Schickele schrieb er später: »In Charleroi gab es einen Mann, der einmal Mitschüler von Arthur Rimbaud war; zufälllig kamen wir zur Bekanntschaft. Er gab mir einige Bändchen Prosa und Verse in die Hände... Mit Fleiß hatte er alles gesammelt, was über Rimbaud in Zeitungen und Zeitschriften stand...«

Außer dem erwähnten Essay hat Paul Zech auch eine (durch Erwin Piscator 1926 aufgeführte) szenische Ballade geschrieben, der er – nach Rimbauds bekanntestem Gedicht – den Titel ›Das trunkene Schiff‹ gab. Dieser Ballade liegt das Schicksal des »genialsten« Dichters Frankreichs zugrunde (wie Zech den Autor in einer Vorbemerkung nennt), der den »Krempel Literatur« fortgeworfen und achtzehn Jahre lang das »ungeheure Leben eines Menschen, dem die Welt wahrhaftig zu klein ist«, geführt habe.

Wie sehr er in diesem Text versucht, sich einer »Identifikation« mit Rimbaud zu nähern, Rimbauds drängende, fiebrige, insistierende Sprache aufzunehmen – dafür als Beispiel wenigstens einige Sätze, in denen er den Dichter sagen läßt: »Man müßte Zähne haben wie ein Tier... und die Ketten zerbeißen...! Wenn die Tiere den Sommerwind auf den Feldern riechen... und die unendliche Grasebene fühlen, wenn sie im Stall liegen und träumen... dann stoßen sie so lange gegen die Bretterwand, bis ein Loch da ist, wo sie raus können. Hast du schon einmal die jungen Fohlen gesehen, wenn sie, den Wind wie Schaum vor dem Maul, über die Wiesen fliegen? Ich muß immer an die jungen Pferde denken... und an die Prärie, wo nur Himmel und Gras und Wind und Pferde sind... Und

3 Paul Zech, Rimbaud. Ein biographischer Essay und die szenische Ballade ›Das trunkene Schiff‹. Fischer Taschenbuch 9548

dann kann ich nicht mehr still am Tisch sitzen... Dann würgt es mich hier...«

Zechs Nachdichtungen der Arbeiten Rimbauds – die erste, die der ›Illuminations‹, veröffentlichte er 1910 – erheben, wie er selbst betonte, keinen Anspruch auf wörtliche Übereinstimmung. Angekommen sei es ihm auf die Wiedergabe des dichterischen Gehalts, der musikalischen, rhythmischen und lautmalerischen Werte, der »Dynamik des menschlichen Bekenntnisses...« Entstanden sind Texte, die dem expressionistischen Gestus Zechs viel Spielraum lassen; oft in die »übertemperierte Hitze« geraten, von der Stefan Zweig gesprochen hat; eigene Akzentuierungen, Erweiterungen zeigen.

Dazu ein Blick auf eine Strophe aus dem ›Trunkenen Schiff‹, einem Gedicht, das die Interpreten bis heute beschäftigt. Für die einen ist es eine schwer zu entwirrende, bizarre Folge von Vorstellungen, niedergeschrieben von einem sehr jungen Menschen, der häufig in ›Le magasin pittoresque‹, in den Romanen von Fenimore Cooper und Jules Verne gelesen und Anregungen daraus aufgenommen hat; für die andern ein fundamentaler, metaphysische Perspektiven öffnender Text mit unabsehbaren Folgen für die Weltsprache der modernen Poesie.

Aus den fünfundzwanzig Strophen des Gedichts werden achtundzwanzig in der deutschen Fassung. Die vorletzte Strophe bei Rimbaud (bei Zech ist es die letzte) deutet – nach dem ungeheuren Aufbruch, der Vision, der Grenzenlosigkeit, dem Rausch und dem Schrecken, die in dem Gedicht zunächst zum Ausdruck kommen – Erschöpfung an, Hinwendung zu dem, was vor Augen liegt:

*Si je désire une eau d'Europe, c'est la flache*
*Noire et froide où vers le crépuscule embaumé*
*Un enfant accroupi plein de tristesses, lâche*
*Un bateau frêle comme un papillon de mai.*

In der Übersetzung von Wilhelm Hausenstein lauten die Verse:

*Such' ich Europens Wasser, ist es eine Lache,*
*Geschwärzt und kalt; im Duft der Dämmerung biegt*
*Der Trauer voll ein Kind sich nieder, seine schwache*
*Fregatte schwankt, wie wenn der Mai den Falter wiegt.*

Die Nachdichtung Paul Zechs:

*Es gibt in Europa nur eines noch, das mich erschüttert:*
*der Tümpel, auf dem in der Abendglut*

*ein Knabe mit seinem Schiffchen herumspielt und frohgemut*
*den Hunger vergißt und die Fischkinder füttert...*

Abgesehen davon, daß Zech das Reimschema Rimbauds ändert, ändert und ergänzt er, was die Zeilen sagen: der Tümpel »erschüttert« ihn (keine Andeutung davon im Original), der Knabe ist »frohgemut« (bei Rimbaud ganz im Gegenteil: voller Trauer), vergißt seinen Hunger und füttert die »Fischkinder« (auch davon ist bei Rimbaud nicht die Rede).

Es handelt sich nicht um ein Einzelbeispiel. Keins der Gedichte ist ohne Rimbaud zu denken, nicht ohne dessen monologische, intensive, halluzinatorische, oft dunkel-suggestive, kaum übersetzbare Sprache voller Überschneidungen, voller Bilder- und Gedankensprünge. Aber zugleich werden die deutschen Fassungen – aufgrund der von Zech in Anspruch genommenen Freiheiten, aufgrund seines eigenen, ausgeprägten Formwillens – zu Dokumenten der expressionistischen Literatur. Was Zech vor allem zu Rimbaud hingezogen hat, wird besonders gut erkennbar in folgenden vielzitierten Sätzen des französischen Autors: »Der Dichter kommt an im Unbekannten, und selbst wenn er seine eigenen Visionen schließlich nicht mehr begriffe, so hat er sie doch geschaut. Mag er zugrunde gehen an seinem riesigen Sprung durch die ungehörten und unnennbaren Dinge: andere fruchtbare Arbeiter werden kommen und an jenen Horizonten anfangen, wo er selber zusammengebrochen ist.«

Mallarmé nannte Rimbaud einen »Engel im Exil«, Claudel einen »Mystiker im Zustand eines Wilden«, Gide einen »brennenden Dornbusch«, Wolfenstein einen »Empörer« gegen die Unvollkommenheit der Welt. Klaus Mann spricht von der Sehnsucht nach den »glühenden Horizonten, den metallischen Regenbogen, den schwülen Nächten und fiebrigen Morgenröten, nach all den unerhörten Schönheiten und Schrecken, die Rimbaud uns mit betörend wilder Geste vorgaukelte, verhieß, enthüllte«. Und ein bedeutender zeitgenössischer Lyriker, Yves Bonnefoy, schreibt: »Horchen wir auf diese Stimme. Vor allem, um uns von ihrem harten Zauber einfangen zu lassen, sodann aber auch, um die Macht jenes Schweigens zu erfahren, das diese Stimme ersticken wollte und sie vermutlich in der Tat erstickt hat.«[4]

*Walter Helmut Fritz*

4 Yves Bonnefoy, Arthur Rimbaud in Selbstzeugnissen und Bilddokumenten. Reinbek bei Hamburg 1962.

Inhalt

# Paul Zech

*Bekannt geworden ist Paul Zech als Arbeiterdichter und Expressionist – vor allem durch sein umfangreiches lyrisches Werk – sowie durch seine Nachdichtungen der Werke von Rimbaud und Villon. Er schrieb außerdem Romane, Erzählungen, Dramen und zahlreiche literaturkritische Arbeiten. 1933 wurde er von seinem Posten als Bibliothekar der Berliner Stadtbibliothek fristlos entlassen und vorübergehend verhaftet. Er emigrierte nach Südamerika und lebte seit 1937 in Buenos Aires, wo er 1947 starb.*

**Deutschland, dein Tänzer ist der Tod**
*Ein Tatsachen-Roman*
*Band 5189*

**Kinder vom Paraná**
*Roman. Band 5049*

**Rimbaud**
*Ein biographischer Essay und die szenische Ballade*
*»Das trunkene Schiff«*
*Band 9448*

**Vom schwarzen Revier zur neuen Welt**
*Gesammelte Gedichte*
*Band 9226*

**Von der Maas bis an die Marne**
*Ein Kriegstagebuch*
*Band 9138*

**Fischer Taschenbuch Verlag**

fi 328 / 5

# Lyrik

**Doppel-interpretationen**
*Hilde Domin (Hg.)*
*Das zeitgenössische Gedicht. Band 1060*

Odysseas Elytis
**To Axion Esti – Gepriesen sei**
*Gedichte und Prosa. Band 5029*

Erich Fried
**Befreiung von der Flucht**
*Gedichte und Gegengedichte. Band 5864*
**Frühe Gedichte**
*Band 9511*
**Reich der Steine**
*Zyklische Gedichte*
*Band 5959*
**Warngedichte**
*Band 2225*

Walter Helmut Fritz
**Mit einer Feder aus den Flügeln des Ikarus**
*Ausgewählte Gedichte*
*Band 9266*

Peter Hamm
**Der Balken**
*Gedichte*
*Band 5314*
**Die verschwindende Welt**
*Gedichte*
*Band 9173*

Stephan Hermlin
**Gesammelte Gedichte**
*Band 5125*

Peter Huchel
**Chausseen, Chausseen**
*Gedichte. Band 5120*

Marie Luise Kaschnitz
**Überallnie**
*Ausgewählte Gedichte*
*1928–1965*
*Band 5820*

Michael Krüger
**Aus der Ebene**
*Gedichte*
*Band 5865*

Michael Krüger
**Diderots Katze**
*Gedichte. Band 2256*
**Die Dronte**
*Gedichte. Band 9222*

Günter Kunert
**Berlin beizeiten**
*Gedichte. Band 9567*
**Verlangen nach Bomarzo**
*Reisegedichte*
*Band 5018*

Reiner Kunze
**auf eigene hoffnung**
*Gedichte. Band 5230*
**zimmerlautstärke**
*Gedichte. Band 1934*

Ossip Mandelstam
**Gedichte**
*Band 5312*
**Mitternacht in Moskau**
*Die Moskauer Hefte*
*Gedichte 1930–1934*
*Band 9184*

## Fischer Taschenbuch Verlag

fi 145/9b

# Lyrik

Christoph Meckel
**Säure**
*Gedichte. Band 5122*
**Souterrain**
*Gedichte. Band 5146*
**Wildnisse**
*Band 5819*

Selma Meerbaum-Eisinger
**Ich bin in Sehnsucht eingehüllt**
*Band 5394*

Hanns Otto Münsterer
**Mancher Mann**
*Gedichte*
*Band 5163*

Aras Ören
**Deutschland, ein türkisches Märchen**
*Gedichte. Band 5130*
**Mitten in der Odyssee**
*Gedichte*
*Band 5777*

Boris Pasternak
**Wenn es aufklart**
*Gedichte 1956–1959*
*Band 9566*

Felix Pollak
**Vom Nutzen des Zweifels**
*Gedichte*
*Band 9263*

Fritz Pratz (Hg.)
**Deutsche Gedichte von 1900 bis zur Gegenwart**
*Band 5273*

David Rokeah
**Nicht Tag nicht Nacht**
*Ausgewählte Gedichte*
*Band 5958*

Thomas Rothschild (Hg.)
**Von großen und von kleinen Zeiten**
*Politische Lyrik von den Bauernkriegen bis zur Gegenwart*
*Band 5124*

Gerhard Tänzer
**Schönes Blumenfeld**
*Kleine erotische Versschule*
*Band 9221*

Guntram Vesper
**Die Illusion des Unglücks**
*Gedichte*
*Band 5128*
**Die Inseln im Landmeer**
*und neue Gedichte*
*Band 5821*
**Frohburg**
*Neue Gedichte*
*Band 5905*

Andrei Wosnessenski
**Bahn der Parabel**
*Gedichte. Band 9279*

Paul Zech
**Vom schwarzen Revier zur neuen Welt**
*Gesammelte Gedichte*
*Band 9226*

**Fischer Taschenbuch Verlag**

fi 145/8c